高能量溝通

聽得懂．想得通．說得好，3步驟讓你的影響力翻倍

High-Energy Communication

3 Steps to Increasing Your Influence

梁哲維／著

belle vue 58

高能量溝通

聽得懂‧想得通‧說得好，3步驟讓你的影響力翻倍

作　　者　梁哲維
總 編 輯　曹　慧
主　　編　曹　慧
美術設計　比比司設計工作室
內頁排版　思　思
行銷企畫　鍾惠鈞
出　　版　奇光出版／遠足文化事業股份有限公司
　　　　　E-mail: lumieres@bookrep.com.tw
　　　　　粉絲團：https://www.facebook.com/lumierespublishing
發　　行　遠足文化事業股份有限公司（讀書共和國出版集團）
　　　　　http://www.bookrep.com.tw
　　　　　service@bookrep.com.tw
　　　　　23141新北市新店區民權路108-4號8樓
　　　　　電話：(02) 22181417
　　　　　郵撥帳號：19504465 戶名：遠足文化事業股份有限公司
法律顧問　華洋法律事務所 蘇文生律師
印　　製　呈靖彩藝有限公司
初版一刷　2025年5月
初版四刷　2025年7月21日
定　　價　440元
I S B N　978-626-7685-06-8　書號：1LBV0058
　　　　　978-626-7685099（EPUB）
　　　　　978-626-7685105（PDF）

國家圖書館出版品預行編目資料

高能量溝通：聽得懂‧想得通‧說得好，3步驟讓你的影響力翻倍/
梁哲維著. -- 初版. -- 新北市：奇光出版, 遠足文化事業股份有限公司,
2025.05

面；　公分

ISBN　978-626-7685-06-8（平裝）

1.CST: 溝通技巧 2.CST: 說話藝術

177.1　　114003390

線上讀者回函

〔推薦序〕

可以「治本」的溝通之道

愛瑞克－《內在原力》系列作者、TMBA共同創辦人

哲維與我都是從小內向、不擅長表達，卻渴望被世界聽見的人。我拜讀此書，深有共鳴！口語表達上的缺陷以及天性的畏縮，曾經讓我們成為社交恐懼者、公眾場合的角落生物，但我們走出困境的方法大不相同。

我曾經歷過原生家庭財務破產，必須提早獨立、積極求生而強迫自己，也就是「不得不」——那種學習過程太痛苦了，我不希望其他人也要遭受相同的苦才能學會溝通。哲維的方法比我簡單、有效多了。只要三個步驟：「聽得懂、想得通、說得好」，只要有願意學習的心，人人都可以無痛上手。

此書最大亮點在於可以「治本」。我曾拜讀過上百本與人際溝通相關的書，或許多數書籍都能解答「個別的小問題」，卻難以扭轉「本質的大問題」——這是「技法」與「心法」的差異。此書是以「心法」為主，也是少數有清晰架構與步驟，能從根本下手，帶來

本質上改變，是「治本」的溝通之道。

此書三大步驟看似簡單，卻都蘊含著強大力量：讓對方感受到「被理解」、「更清晰」、「更溫暖」——都是從對方的角度出發的，一個總是設身處地為他人著想的人，誰不想和他多親近、多合作呢？光這個出發點，就先贏大多數人了。

在堅實的三步驟架構外，我還觀察到此書有三大亮點：案例解析清楚、應用層面廣泛、文字溫暖流暢。

1. 案例解析清楚：使用「ＡＢ對比」，明確比較出兩種不同溝通方法的顯著差異，使讀者易學、易懂、易用。

2. 應用層面廣泛：職場、家庭、友誼、日常生活食衣住行，都有充足的應用實例詳解。讀者每天都可以從做中學、天天驗證實績實效。

3. 文字溫暖流暢：這反映出作者本身的習慣和特質。哲維是一位暖心的溝通者，用字也完全以讀者易懂、有感來下筆，閱讀體驗非常流暢、舒服。

以上三大亮點，也正好呼應了此書「被理解」、「更清晰」、「更溫暖」的訴求和特性。我曾在幾次實體聚會的場合上，或網路社群媒體中，見證了哲維靠溝通扭轉了局勢，有如奇蹟——用的方法完全呼應此書所指導內容——他是一位思想和言行合一的實踐者、指導者、演說者，而他把這些經驗全部濃縮到了此書之中。

最後我也要強調，此書並不是只有「心法」而缺乏「技法」。書中三步驟都有完整的【工具箱】——提供充足的練習題，讓讀者從情境中做出選擇，透過解析來清楚看出差異、同時加深了印象。這些練習題，或許在相關課程或工作坊價值數千或上萬元，哲維不藏私地一次把壓箱寶全拿出來，獻給了此書讀者。

這是一本可以「治本」的溝通之道，也是價值不斐的知識經驗濃縮精華，誠摯推薦給每一位讀者，希望你的世界，因高能量溝通而變得更加豐盛幸福圓滿！

Contents

Part One 高能量溝通是你人生的隱藏超能力

Part Two

高能量溝通核心三步驟

Part Three

高能量溝通讓你活出人生使命，發揮真正影響力

Contents

〔前言〕

從平庸到非凡，用高能量溝通翻轉人生

多年過去了，我依然清晰地記得，幼兒園時的自己既內向又結巴，導致我常常獨自一人，學著和自己玩。當時，我羨慕其他同學，他們說話流暢，自然地與朋友嬉戲，而我卻像是被世界遺忘的小孩。作為獨生子，家人忙碌，沒人注意到我的孤獨。我甚至學會了讓左手和右手下棋，只為了填補寂寞。

我曾經深感挫敗，為什麼別人說話那麼輕鬆，而我卻要為一個句子掙扎？「平庸」這個詞對我來說，甚至是一種讚美，因為當時的我，連平庸都算不上。然而，幾十年後，這個曾經沉默的孩子，如今站在舞台上，成為一名講師，受邀演講無數場。我不是天生擅長說話的人，與許多從小外向、能言善道的講師不同，我代表的是另一類人——那些從小內向、不擅長表達，卻渴望被世界聽見的人。

後來我發現，這樣的人其實很多，他們不容易被看見，甚至連在餐廳取餐時，都不敢舉手承認是自己的餐點，只能默默走向櫃檯，遞出號碼牌，迅速取餐離開。我能寫出這些細節，因為我曾經歷過。如果你也曾有類似的經驗，請放心，你並不孤單，因為我懂你。

無論你是外向還是內向，這本書將幫助你運用「**聽得懂**、**想得通**、**說得好**」的三步驟，學會高能量溝通，改變你的人生。而最棒的是，你不需要改變自己，成為另一種人，而是活成你理想中的自己。

那些曾經遙不可及的機會、深藏內心的期待，甚至更好的自己——其實只差一個關鍵，那就是掌握「**高能量溝通**」的能力。希望這本書能陪伴你走過人生的高低起伏，更希望它能幫助你實現你的夢想。

本書的核心理念是：透過溝通，讓彼此感到舒服自在。許多人嚮往「高能量」的狀態，卻不太確定它究竟是什麼。我希望將「高能量」與「舒服自在的感受」連結起來，讓大家明白，高能量並非遙不可及的目標。

我們不需要刻意費力或辛苦維持所謂的高能量狀態，因為真正的高能量，其實來自於自然、流暢的溝通方式，讓彼此都能輕鬆愉快地相處。當我們掌握這種溝通的技巧，任何人都能輕鬆擁有高能量的互動體驗。

學會「聽得懂、想得通、說得好」，輕鬆用高能量溝通成為影響力達人

你是否曾有過這樣的時刻？

- 你努力想要讓對方理解你的想法，但話說出口後，卻換來一片沉默？
- 你在會議上極力表達觀點，卻發現別人反應冷淡，甚至感到乏味？
- 你渴望拓展人脈，成為一個受人信任、尊重和喜歡的人，卻不知道如何開始？

如果你有這些困擾，那麼這本書將成為你的答案！

第一步：「聽得懂」——讓對方感受到理解，比任何說服都有效！

你真的聽懂對方想表達的意思了嗎？還是只是「以為」自己聽懂了？很多時候，**溝通的斷裂不是因為話沒說清楚，而是因為我們從一開始就誤解了對方的真正需求**，甚至不自覺地用自己的想法取代對方的意思。當你能夠真正理解對方，你就能讓對方感受到被重視、被尊重，進而打開心房，與你建立更深的連結。若我們開始練習「聽得懂」，你會發現，許多過去覺得難以溝通的人際關係，突然變得順暢起來。這就是**高能量溝通的第一**

步——**讓對方感受「被理解」**！

第二步：「想得通」——讓你的表達更清晰、更有說服力！

溝通不只是說話的技巧，更關鍵的是**「思考的品質」**。當我們的思緒清晰、邏輯順暢，表達自然會有影響力，讓人一聽就懂；但如果我們自己都還沒想明白，無論怎麼說，對方依然會覺得混亂。很多時候，溝通之所以低效，並不是因為內容不足，而是因為資訊過多、結構混亂，導致對方無法抓住重點，反而覺得負擔沉重，進而對話變得沒有結果。

當你的思考變得清晰，你的語言將更具影響力，你的溝通將變得更有效率，而你與人的連結，也將因為更有層次的對話而更加深入。這就是**高能量溝通的第二步——讓對方感受「更清晰」**！

第三步：「說得好」——讓你的話語更溫暖、更有力量，真正打動人心！

影響力的最高境界，不只是說得清楚，而是說得讓人舒服、願意行動！你的話語，不只是資訊的傳遞，而是一種情感的共鳴。當你準備開口時，問問自己：「**我要讓對方感受到什麼？**」這個問題，將決定你的話語能不能真正打動對方的內心。當你懂得如何說話讓人能量滿滿，你將發現，不只是對方變得更有動力，連你自己，也會因為這樣的溝通方式，而感受到前所未有的自在與力量！這就是**高能量溝通的第三步——讓對方感受「更溫暖」**！

當你學會高能量溝通的三大核心步驟「聽得懂、想得通、說得好」，你的溝通將不再只是對話，而是充滿影響力的高能量溝通。你將能夠輕鬆建立更深厚的人際關係，讓你的職場、創業、人脈經營，都變得更加順利。最棒的是，這三個步驟**簡單**、**可學**、**可複製**，不論你現在處於什麼階段，都能透過這本書一步步運用高能量溝通，大幅提升你的影響力，讓你在職場、創業和社交場合中，成為真正的影響力達人。

Part One

高能量溝通是
你人生的隱藏超能力

1

為什麼高能量溝通是你人生的隱藏超能力？

良好的溝通能力，不僅能幫助我們獲得更多機會，還能在人際互動中建立信任，進而提升影響力與競爭力。

1-1

溝通力如何決定你的機會與成就？

在人生的每個關鍵時刻，溝通往往扮演著決定性的角色。無論是一次重要的機會降臨、關鍵人際關係的建立，還是自我成長的突破，所有這些都與**溝通**息息相關。

你是否曾因為表達不清楚，而錯失一次合作機會？是否曾因為溝通不當，讓一段珍貴的關係逐漸疏遠？或者，你一直在努力突破自我，卻總覺得無法進一步提升？事實上，這些問題的根源，往往就在於**「溝通能力」**。

溝通不僅僅是說話，它是一種影響力的展現，決定了我們與世界的互動方式，也影響著我們能夠走多遠、成就多大。良好的溝通能力，不僅能幫助我們獲得更多機會，還能在人際互動中建立信任，進而提升影響力與競爭力。

1. 溝通決定了機會的多少

機會從來不會無緣無故降臨，而是來自於我們與世界的互動。如果你無法清楚地表達自己的價值，機會就會與你擦肩而過。

例如，在一次面試中，無論你多麼有實力，如果無法簡潔有力地展現你的優勢，面試官很可能會錯過你的潛力。在職場與商業世界，那些善於溝通的人，總能更快獲取資源、爭取到更好的條件，甚至創造新的合作可能。

想像一下，如果你站在一個可能改變人生的舞台上，面對一群有影響力的人，他們是否願意聆聽你？如果你的表達足夠吸引人，你就能讓機會為你敞開大門。

擁有良好溝通能力的人，往往更能適應不同的環境，無論是在學術場域、創業道路，還是人際關係中，都能靈活應對，掌握更多可能性。

2. 溝通決定了人際關係的深度

我們的人生，與人際關係密不可分。無論是朋友、家人，還是事業夥伴，我們與他們的關係都建立在溝通之上。如果沒有良好的溝通能力，即使是最親密的關係，也可能因誤解而破裂。**許多衝突的根源，往往來自於溝通的缺失或錯誤**。

想像一下，當你和家人有不同的觀點時，是否曾因為語氣不當而讓氣氛變得緊張？當你在工作上與同事合作時，是否曾因為沒有明確表達而讓對方誤會你的意思？事實上，**溝通的目的並不是贏得對話，而是建立理解**。當我們學會站在對方的角度思考，並且用真誠、清晰的方式表達自己，我們的關係將會更加和諧。

有一句話說：「**說話的藝術，不在於你說了什麼，而在於對方聽到了什麼。**」一個真正會溝通的人，懂得如何用對方能夠接受的方式來表達自己的想法，而不是單方面的輸出。如果我們能夠掌握這種能力，不僅可以讓我們的關係更加緊密，也能夠在人際互動中獲得更多的支持與信任。

3. 溝通決定了個人成長的速度

成長的過程中，我們不斷學習新知識、拓展視野，這一切都與溝通有關。好的溝通能力，讓我們能夠更快速地理解資訊，並且用有效的方式傳達自己的想法。無論是在學習、職場，還是創業的過程中，那些能夠清楚表達自己、勇於發問、樂於分享的人，往往能夠成長得更快。

很多時候，我們的成長卡在某個瓶頸，並不是因為我們能力不足，而是因為我們沒有學會如何清楚地表達需求，或是如何向有經驗的人請教。如果你能夠大方地與他人交流，並且善用溝通去學習，你的進步速度將會大大提升。**因為知識不是憑空而來，而是透過交流與溝通流動的**。

溝通能力也影響著我們的「自我對話」，當我們內心有消極的聲音時，能否用積極的方式與自己對話，將決定我們是否能夠突破心理障礙。成功人士往往擁有強大的內在溝通力，他們懂得如何用鼓勵和正向的語言來支持自己，這讓他們更有信心去迎接挑戰。

4. 溝通讓你擁有更大的影響力

影響力是一個人在世界上能夠發揮影響的程度，而溝通就是影響力的基礎。無論你是領導者、創業家、專業人士，甚至是一個希望讓家人更幸福的人，你的影響力都來自於你的溝通能力。**當你能夠用你的語言感染他人，啟發他人，你就能讓你的想法產生更大的價值**。

歷史上的偉大領袖，無一不是溝通高手。他們懂得如何用言語激勵人心，如何用故事傳遞理念，如何用清晰的表達來讓人產生共鳴。當我們學會用更有力量的方式去說話，我們的世界就會變得更大。

有時候，**真正的機會不是等來的，而是說出來的**。當你能夠勇敢地向世界傳達你的夢想，你就能吸引那些願意與你並肩同行的人。

有人說：「**人生的高度，取決於你溝通的能力。**」我們每一天都在溝通，與自己溝通，與他人溝通，與世界溝通，而這種能力的強弱，決定了我們的成就和影響力。

溝通不是天生的，而是可以後天學習與鍛鍊的。當我們開始意識到溝通的重要性，並且刻意去提升自己的表達、聆聽、說服與共情能力，我們就能夠開創更多的機會，擁有更好的關係，並且讓自己變得更加強大。

世界並不缺少機會，也不缺少美好的關係，甚至不缺成功的可能性。**缺少的，是能夠把這一切連結起來的溝通能力**。

1-2

影響力不分內向外向，找到最適合你的表達方式

在這個多元而豐富的世界，每個人都是獨一無二的存在，而影響力從來都不該被刻板印象所限制。無論你是沉穩內斂、深思熟慮的內向者，還是熱情洋溢、擅長社交的外向者，你都擁有改變世界的潛力；關鍵在於，找到那最適合你獨特的表達方式。這正是我們這本書所要傳達的核心訊息：影響力不分內向外向，每個人都能用自己的方式，散發出無限魅力和力量，去連結他人、啟發內在，最終締造屬於自己的成功和成就。

無論你曾因為內向而覺得自己缺乏影響力，或因為外向而害怕過於浮躁而無法深入，都能找到那條適合自己的表達之路。這本書不僅僅是一本教你如何說話的指南，更是一個心靈成長的旅程，一次從內到外的蛻變，讓你在每一次與人互動中都能發揮出真正屬於你的影響力。讓我們一同探索那充滿溫暖與力量的溝通藝術，讓你的每一句話、每一個表情，都能成為打動人心的真摯音符。

找尋屬於你的表達方式：打破內向外向的框架

很多時候，社會上流傳著各種關於內向與外向的刻板印象，似乎只有外向者才能成為出色的演說家、領導者和溝通大師。然而，這樣的觀念其實極其狹隘。真正的影響力，並不取決於你是否擁有外向的特質，而是取決於你如何運用你獨特的性格優勢，找到最適合自己的表達方式。這正是我們這本書與其他溝通書籍最大的不同之處——我們不強求你模仿那些外向者的表現，而是鼓勵你發現並發揮屬於自己的內在光芒。

無論你是那位喜歡靜靜觀察、細膩思考的內向者，還是那位充滿激情、善於表達的外向者，你都有機會成為一個有影響力的人。關鍵在於，你是否能夠找到那個最適合你、最能展現你真實個性的溝通方式。對於內向者來說，也許你不善於在大庭廣眾前發表演講，但你卻能夠用筆尖書寫出動人的故事，或是通過深度的面對面交流，建立起真摯的人際連結。而對於外向者來說，可能你天生擁有迷人的口才和熱情，但若能在表達中融入更多內在的反思和真誠，便能讓你的影響力更加深遠。

本書將通過一系列深入淺出的實例故事、案例分析、祕訣提醒和實用工具箱，幫助你找到並發揮那屬於你獨特的溝通風格。從自我探索、情感釋放，到實際應用和反思調整，我們將一步步引導你，找出最適合自己的說話方式，讓你不必再為了符合某種既定的標準而勉強自己，而是可以真實而自在地表達出你最舒服、最自在的一面。這樣的溝通，將讓你在職場建立穩固的人脈，在社交場合贏得真誠的友誼，更在生活中收穫無數改變命運的機會與成就。

1-3

用高能量溝通加速職場、人際與個人成長

當你找到那個最適合自己的表達方式後，接下來的挑戰便是如何運用這種方式，真正地影響他人、改變環境。溝通的藝術，不僅在於如何精準地傳遞信息，更在於如何用你的語言去感動、去啟發、去激勵對方。這種藝術，遠超過簡單的技巧，而是一種由內而外的生命態度，是你對待世界的一種溫柔而堅定的回應。

想像一下，在一個重要的會議上，你以從容而溫暖的語氣闡述自己的觀點，當你的每句話都流露出真誠與堅定時，不僅在場的人能夠被深深打動，就連原本持懷疑態度的人，也會因為你的真摯而逐漸打開心扉。這種溝通的力量，不僅能夠幫助你在職場上脫穎而出，更能夠在生活中建立起一種更深層次的人際連結，讓你與每一個接觸到你的人之間，都能夠形成一種難以言喻的共鳴與信任。當你能用從容溫暖的語言，去面對每個挑戰，去回應每一份期待時，你的溝通就會成為你影響他人、締造成功的重要橋樑。

溝通力的培養並非一朝一夕之功，而是一個持續的、自我反思與實踐的過程。每一次

真誠的對話、每一次從內心流露的語言，都是你成長的見證。當你開始在日常生活中，不斷地實踐這種屬於自己的溝通方式，你會發現，無論是職場上的晉升、商業上的合作，還是家庭中的和諧與友誼，都在悄悄地因為你的改變而發生著積極的轉變。

當你開始學會用高能量、溫暖且真摯的語言去表達自己的想法，你便會發現，那些曾經阻礙你前進的障礙，正一一在你的勇氣與影響力面前煙消雲散。你的每一句話，都彷彿成為一道光，點亮了前行的道路，吸引著志同道合的人與你攜手同行。

當你閱讀這本書時，你已經開始走在那條屬於自己的溝通之路，請記住：影響力不分內向或外向，關鍵在於找到那最適合你的表達方式。每個人都是獨一無二的，而你的獨特個性、真摯情感和內在力量，正是你最寶貴的溝通資產。

本書不是普通的溝通指南，它是你內在成長的夥伴，是一盞照亮未來的明燈。它引導你從內而外，發現那最真實的自己，並用那獨特而溫暖的方式去影響世界。無論你正處於職場巔峰，還是在尋找新事業機會的路上，當你學會如何用屬於自己的方式去表達、去連結，你便會發現，成功與機會永遠屬於那個敢於做自己的人。

現在，就讓我們攜手走上這條充滿溫暖與真誠的溝通之旅，從今天開始，勇敢地找到那條最適合你的表達之路。讓我們一起用獨特的語言和無盡的熱情，開啟屬於你的影響力人生，讓每一次真摯的對話都成為改變命運的奇蹟。

Part Two

高能量
溝通核心三步驟

2

高能量溝通核心第一步「聽得懂」——讓對方感受到理解，比任何說服都有效！

如果你真的聽懂了對方，他會感受到你的理解，
並自然願意信任你，甚至不需要刻意去說服，
他就會願意跟隨你的想法。

為什麼你的話，他聽不進去？而別人的一句話，卻能讓人甘願行動？

在這個資訊爆炸的時代，我們每天都在與人溝通：與家人討論生活大小事，與同事協作專案，與客戶洽談合作，甚至在社群媒體上分享自己的觀點與價值。然而，你是否曾經有過這樣的困擾？

- 明明已經說得很清楚了，對方卻依然「不懂」你的意思？
- 談合作、談業務時，總覺得對方沒有真正「聽進去」，最後不了了之？
- 在職場與家庭中，你努力表達，卻總覺得對方的回應與你的期待相差甚遠？

很多人認為溝通的關鍵在於「表達」，但事實上，**真正決定溝通成效的不是「說」了什麼，而是「聽」到了什麼**。

「聽得懂」，是高能量溝通的第一步，甚至是一切成功互動的起點。

為什麼「聽得懂」才是真正的溝通高段位？

你一定聽過一句話：「話說出口前，就已經決定了它的影響力。」但你知道嗎？話語的影響力，其實在「開口前」就已經決定了80％。

如果你真的**聽懂**了對方，他會感受到你的理解，並自然願意信任你，甚至不需要刻意去說服，他就會願意跟隨你的想法。這就是高能量溝通的力量——當你能夠「聽懂需求」，對方就會產生「別無所求」的信任感，因為他知道，**你就是那個可以真正幫助他的人**。

為什麼這本書與其他溝通書籍截然不同？

市面上有許多關於溝通的書籍，它們大多數強調說話術、影響力技巧，甚至是如何說服對方。但在現實世界，你應該早已發現——**光是「說得好」並不夠，關鍵在於如何讓對方感覺到「你真的懂他」**。

如果你曾經參加過任何溝通或影響力課程，可能已經學過許多「話術」與「技巧」，但為什麼仍然無法達到你想要的效果？因為這些技巧只是工具，而真正讓溝通發揮影響力的，是你的「**能量狀態**」與「**理解深度**」。

而這本書，將帶領你跳脫一般話術書籍的框架，從「溝通能量」的核心出發，教你真正「聽懂」對方，並以此為基礎建立深度的信任與影響力，讓你的事業與人際關係都進入全新的境界。

2-1

真正的聆聽，是「理解」而不是「假設」

那天晚上，本來應該是再平常不過的一天，卻讓我深刻體會到「**以為聽懂**」與「**真正理解**」的差別。

我太太因為有事北上，當天晚上要從外地回到台中，回到台中時已經是深夜。她體恤我忙碌，貼心地說：「不用來接我，我自己回去就好。」但我心想，這麼晚了，怎麼能讓她自己回家？她告訴我抵達的時間，我滿懷信心地回應：「沒問題，我一定準時到！」

晚上11點多，我如約來到台中高鐵站，滿心期待著接她回家。夜色中，我站在平常接她的地方，眼神掃視著每個走出車站的人，等待那熟悉的身影。

但時間一分一秒地過去，她卻始終沒有出現。我心裡開始焦急，但又安慰自己，或許她還沒走出來。就在這時，電話響了。

「你在哪裡啊？」她的聲音帶著些許疑惑。

「我在平常接你的地方啊，你呢？」

「我也在平常的地方，但怎麼沒看到你？」

這時候，我開始細細描述自己的位置：「我站在手扶梯下來的出口，旁邊有個黃色背心的工作人員……」

她沉默了一下，然後說：「我沒有看到黃色背心的工作人員啊……你確定你在對的地方嗎？」

我心裡一驚，這時候才想到一個可能性——「你搭的是高鐵，對吧？」

「不是啊，我今天搭的是火車。」

那一刻，我愣住了。

原來，我自始至終都假設她搭的是高鐵，因為她回到台中的時間通常是搭高鐵。而她呢？作為買票的人、坐車的人，她的「已知事實」就是她搭的是火車，所以也理所當然地認為我會知道。

就這樣，我們在台中兩個不同的車站，各自堅信自己在對的地方，直到我們聯繫上彼此，才發現了這個看似簡單卻影響深遠的錯誤。

幸好，台中高鐵站開車到台中火車站只需要二十分鐘，最終我還是順利接到了她。當她坐上車，我們對視了一眼，然後不約而同地笑了出來。

「對不起，我沒跟你確認好是高鐵還是火車。」我說。

她也笑著搖搖頭：「我也應該再提醒一次。」

這一場突如其來的「誤會」，讓我們學到了一件重要的事——我們常常以為自己聽懂了，但事實上，我們只是根據過往經驗做出了假設，我們常常以為自己聽懂了對方的意思，卻沒有真正確認。

當「假設」取代「理解」，溝通問題就會發生

我們聽見了一句話，卻沒有去確認對方的意思，而是用自己熟悉的經驗去填補細節。就像這次的接送事件，我習慣她搭高鐵，所以當她說「我會到台中」，我自動認為她的意思是「台中高鐵站」。而她呢？因為她是坐車的人，對她來說，「台中」就是她抵達的地方——台中火車站。

看似是一場生活中的小插曲，實際上**這不只是一場小誤會**，**而是一種習慣性思維模式**，它讓我們在許多對話中，以為自己明白對方的意思，卻沒有真正確認。我們都聽見了對方的話，卻按照自己的習慣、經驗與預設去解讀，最終產生了偏差。

如果這樣的情境發生在更重要的場合，例如職場決策、客戶合作，甚至親子關係，這樣的「以為聽懂」，可能會帶來更大的誤解與影響。

這場「台中高鐵vs台中火車」的小誤會，看似無傷大雅，但在某些情境下，這種溝通錯誤可能會帶來更大的後果。例如：

- 在職場上，這樣的誤解可能導致專案延誤。

如果主管說：「這份報告我們要做簡單一點。」但員工理解的「簡單」可能只是少幾頁，而主管心中的「簡單」，則是減少七十%的內容。如果雙方沒有確認，最後提交的報告可能完全不符合預期。

- 在業務合作中，這樣的誤解可能導致客戶流失。

如果客戶說：「我希望這次的行銷活動維持去年一樣的調性。」但業務理解的是「所有細節都照舊」，結果活動執行後，客戶卻說：「怎麼跟我想的不一樣？」這就是沒有確認清楚的結果。

- 在親密關係中，這樣的誤解可能累積成心結。

「我以為你會記得今天是我們的紀念日。」

「我以為你這週很忙，所以沒打擾你。」

「我以為你會來接我。」

每一次「以為」，其實都是溝通上的一個缺口，長期累積下來，關係就會產生裂痕。很多時候，真正導致誤解的，不是陌生的資訊，而是我們以為「熟悉」的事。因為太熟悉了，我們反而不會特別去確認細節，導致溝通上的落差。

案例分析 為什麼會發生這樣的誤解？

一、「預設立場」讓我們忽略細節

在這個故事裡，我預設太太一定是搭高鐵，因為「過去經驗」讓我相信，這是理所當然的選擇。然而，我並沒有真正去確認這一次的情況是否有所不同。

- 主管認為員工「應該知道」某件事，卻沒有實際確認，導致專案方向偏差。
- 客戶說：「我希望這次的合作方式跟上次一樣。」我們以為他指的是所有細節都一模一樣，但其實他只想保留大方向，細節上仍然有不同的需求。
- 朋友說：「下次再約！」我們以為對方只是客套，結果對方真的期待一次邀約。

「預設立場」讓我們無意間忽略了溝通中的細節，導致誤解發生。我們不是真的聽不見，而是選擇性地聽了我們想聽的部分，忽略了真正需要確認的關鍵點。

二、沒有雙向確認，導致訊息理解錯誤

這次的對話裡，我和太太沒有主動做「雙向確認」關鍵細節，導致兩人各自以為對方知道自己的想法。

- 我以為太太搭的是高鐵，因為往常都是如此。
- 太太以為我知道她搭的是火車，因為她買票的那一刻就認定這是「已知資訊」。

然而，這兩種認知卻從未真正對焦過。如果其中一方能夠主動確認，這個錯誤就能夠避免。

如果當時我能夠多問一句：「你這次搭的是高鐵還是火車？」這場誤會就不會發生。

雙向確認的做法很簡單：

「你搭的是高鐵，對吧？」（讓對方有機會更正）

「我們約在高鐵站出口對吧？」（確認共識）

「這次你是搭高鐵還是火車？」（開放式確認）

透過這樣的簡單問句，我們能夠讓溝通更清楚，避免彼此的理解產生落差。

我們如何提升溝通精準度，避免這種「以為聽懂」的錯誤呢？

實用技巧

提升溝通精準度的3個技巧

❶ 用「回應式確認」，確保彼此理解一致

當我們以為某件事是「理所當然」，這時候就應該提醒自己：「這真的有確認過嗎？」

語言本身並不代表理解，我們可以透過「回應式確認」，來確保雙方的認知一致。

✕ 錯誤示範 ▶「我們到時候見。」（範圍太廣，容易誤解）

○ 正確做法 ▶「這次你搭高鐵還是火車？我們約在哪個出口？」（清楚確認地點）

✕ 錯誤示範 ▶「這次的活動應該跟上次一樣吧？」（過於籠統，認知不明）

○ 正確做法 ▶「這次的活動，你希望保留哪些內容？有沒有想要調整的地方？」（確認清晰，項目明確）

✕ 錯誤示範 ▶「報告做簡單一點。」（簡單的標準不同，容易理解錯）

○ 正確做法 ▶「簡單一點的意思是減少頁數，還是刪減內容？」（確保標準一致）

❷ 避免「封閉式問題」，改用「開放式提問」

有時候，我們的理解與對方表達的不一定完全一致，「封閉式問題」讓對方只能回答「是」或「否」，但這往往不能幫助我們獲得完整資訊，因此可以透過「開放式提問」來減少誤解。

✕錯誤示範▶「你知道我們這次約在哪裡吧？」（對方可能以為自己知道）

〇正確做法▶「我們這次約在哪裡？可以再確認一次嗎？」（讓對方主動回答）

✕錯誤示範▶「這次的合作方案ＯＫ嗎？」（對方可能敷衍回答「ＯＫ」）

〇正確做法▶「這次的合作方案，你有沒有覺得哪裡還可以調整？」（鼓勵對方提供意見）

這種方式可以確保雙方的理解一致，避免日後爭議。

❸ 停頓三秒，給自己時間確認

當我們習慣性地立刻回答問題時，很容易「順著直覺」做出假設。在回答問題之前，先停頓三秒，讓我們有更多時間思考，確保自己真正理解了對方的話，思考自己是否確實理解對方的意思。這個簡單的習慣，可以大幅降低溝通錯誤的機率。

✕錯誤示範（過快回應）

A：「這次的計畫應該比上次簡單一點吧？」

B（沒想太多就回應）：「對！」

結果B誤解了A的「簡單」，導致後續落差。

○正確做法（停頓＋確認）

A：「這次的計畫應該比上次簡單一點吧？」

B（停頓三秒）：「你的意思是內容精簡，還是作業流程簡單？」

這樣的做法，可以避免雙方對「簡單」的理解不同，確保溝通順暢。

讓溝通成為連結，而非誤解的來源

溝通的真正目的，是讓彼此理解，而不是只說出自己的想法。當我們開始練習不假設、確認細節、主動回應，我們的溝通將變得更加順暢，人際關係、工作效率也將因此提升。下次當你準備回答一個問題時，先問自己：「我是真的聽懂了，還是只是以為我聽懂了？」

當我們帶著這樣的意識去溝通，我們將不再只是交換資訊，而是真正建立起更深的連結與理解。

那天晚上，我和太太坐在車裡，雖然剛經歷了一場小小的驚險，卻覺得彼此之間的連結更深了一點。我們笑著說：「以後一定要多確認，不要再自己假設了！」

這場「小誤會」雖然沒有帶來嚴重的後果，但它提醒了我們一個重要的溝通法則——我們以為的不一定是對方的意思，真正的理解不是來自於聽見，而是來自於確認與共識。

從那天開始，我們在對話中，開始更刻意地確認彼此的意思，也發現這樣的溝通，讓我們的交流變得更加順暢，減少了許多可能的誤解。

溝通的關鍵，不在於你說得多流暢，而在於你是否真正理解了對方的需求。當你開始練習確認共識，聆聽不只是聽，而是理解，你的溝通將變得更加順利，你的關係與事業，也將因此變得更加穩固。

哲維溫暖
\\\ 對您說 ///

下次遇到類似的情況時，不必緊張，也不用著急，心安則智慧生。放慢步調，反而能更快解決問題，因為一次做好，比重來更有效率。多花幾秒鐘確認，能幫助你省下數小時的補救時間，最終讓你節省更多時間與精力。

2-2 當我們以為懂了，卻其實完全錯了

那一天，小婷餓壞了。

她走在繁忙的街道上，尋找著一頓美味的午餐。終於，她聞到了空氣中瀰漫的牛肉湯香氣，循著味道來到一家人氣鼎盛的牛肉麵攤。

她二話不說，快步走進店裡，找到一個位子坐下。這家店生意極好，廚房的蒸氣繚繞，客人津津有味地享受著一碗又一碗的熱騰騰牛肉麵。小婷興奮地點了一碗，並拿了一盤小菜，準備在等待的時候先填補肚子的空缺。

她看著店裡的節奏，一碗碗牛肉麵從廚房端出來，每一碗都散發著迷人的香氣，她的期待值不斷上升。終於，等了好一會兒，老闆娘大聲喊出她的號碼：「來，這邊！」

小婷眼神一亮，馬上舉起手：「這裡！」

她滿懷期待地望向老闆娘端來的那碗麵，可就在牛肉麵送到她面前的那一刻，她瞬間僵住了。

她瞪大眼睛，看著老闆娘的大拇指，居然泡在她的牛肉湯裡。她的內心從興奮瞬間跌落到震驚，甚至有點反胃。她不是挑剔的人，但當食物裡泡著一隻別人的手指，這不僅是影響口感的問題，更是基本的衛生問題。

她本能地皺起眉，決定表達她的疑慮。

「老闆娘，您的大拇指……」她剛開口，話還沒說完，老闆娘已經露出自豪的笑容，毫不猶豫地大聲回應：「你不用擔心我，我不怕燙！」

說完，老闆娘還露出一副「這是小事一樁」的表情，開開心心地轉身走回廚房，留下錯愕的小婷，獨自對著這碗不知該不該吃的牛肉麵。

小婷無語地看著麵碗，又看看老闆娘的背影，心想：「我擔心的根本不是妳怕不怕燙，而是這碗麵還能不能吃啊！」

這場原本充滿期待的午餐，瞬間變成了內心五味雜陳的鬧劇。

我們真的有在聽對方說話嗎？

這個故事反映了一個我們經常犯的溝通錯誤——我們總是急著回應，卻沒有真正聽懂對方的話。

老闆娘或許是善意的，或許以為小婷擔心她的手會燙傷，於是她馬上回應，甚至帶著一種難以言喻的自豪。但她沒聽完小婷的話，就已經迫不及待地給出自己的理解與答案，結果完全偏離了小婷真正想表達的重點。

案例分析 溝通的盲點——當我們只顧著「回答」，卻沒有真正理解對方

這個故事表面上看似是一場餐飲小插曲，然而，背後卻隱藏著一個常見的溝通問題：我們經常在對話中「自以為聽懂」，卻沒有真正理解對方的關切點。

老闆娘的「不怕燙」，其實與小婷的疑慮完全無關。小婷擔心的是衛生問題，但老闆娘卻誤以為她擔心的是她的手會燙傷，於是自信滿滿地回應：「沒關係，我不怕燙！」

這場對話的問題在於：老闆娘並沒有真正聆聽小婷的話，只是基於自己的理解，急著給出答案。這樣的溝通模式，在生活與職場中都屢見不鮮，甚至可能帶來更嚴重的誤解與問題。

在生活與工作中，當有人向我們提出疑問或反應問題時，我們經常會急著回答，認為自己已經知道對方的意思，於是迅速給出反應。

這可能是因為：

一、習慣性推測，忽略真正的訊息

很多人在溝通時，會依據過去的經驗或直覺來推測對方的意思，而不是耐心聽完對方的話。

例如：

◆老闆娘可能過去曾經遇過很多客人問她：「你的手不會燙嗎？」於是她自動套用了過往的回答，卻忽略了小婷的真實關注點——「衛生問題」。

◆主管對員工說：「報告做簡單一點。」員工可能會理解成「少做幾頁」，但主管真正的意思是「刪減不必要的細節，保留核心數據」。如果員工沒問清楚，最後可能完全不符合主管的期待。

二、急於回應，而非理解

有時候，我們太急著「解決問題」，我們的大腦會自動開啟「問題解決模式」，聽到關鍵字就急著回應以為對方只是想聽一個答案，卻忘了先確認對方的需求是什麼，而忽略了對方真正想表達的重點。這在職場上尤為常見。

◆下屬問主管：「這份報告的數據我是這樣整理的，請問這樣可以嗎？」

主管急著回答：「對，沒問題！」但其實，下屬的問題可能是：「這樣的整理方式符合你的期待嗎？還是有更好的做法？」

三、缺乏深度傾聽的習慣

真正的溝通，不是等對方說完，而是帶著理解的態度去聆聽。但現代人生活忙碌，資訊量爆炸，我們經常處於「快節奏」的溝通模式，導致我們的聆聽變得粗糙，甚至只抓取關鍵字，而不是完整理解對方的意思。

我們該如何避免「以為自己聽懂了」的錯誤？如何避免「回錯答案」，讓溝通更有效？

要避免像牛肉麵事件中的溝通失誤，我們可以透過以下幾個方法，提升自己的溝通品質：

實用技巧

❶ 掌握「確認式提問」，確保理解無誤

與其直接回應，不如先確認自己是否真的理解對方的關切點。

✕ 錯誤示範 ▶「你說的是這樣，對吧？」（過於籠統）

〇 正確做法 ▶「你的意思是，你擔心的是衛生問題，而不是我的手會燙，對嗎？」（具體確認）

這種確認式提問，能夠確保我們真正理解對方，而不是靠猜測來回應。

❷ 練習「延遲回應」，讓自己有時間思考

許多時候，當我們聽到問題時，我們的大腦會立刻開始「預測」對方的需求，並迅速給出答案。然而，真正優秀的溝通者，會在回應前，先停頓幾秒鐘，確保自己真的理解對方的重點。

✕ 錯誤示範 ▶「我知道你的意思！」（沒等對方說完）

〇 正確做法 ▶「讓我確認一下，你的意思是……對嗎？」（確認需求）

這個簡單的停頓，能夠避免我們過度推測，確保真正的理解。

❸用「共鳴式回應」，建立信任感

好的溝通不只是理解，而是讓對方感受到被理解。

當對方提出問題時，我們可以先用共鳴句來表示理解，然後再給出回應。

✕錯誤示範▶「這沒什麼大不了的。」（容易讓對方覺得被忽視）

○正確做法▶「我懂你的擔憂，如果是我，可能也會這樣想。」（先表達共鳴，再給建議）

這樣的回應方式，能夠讓對話變得更有溫度，讓對方感受到被尊重，而不是單方面地被給予答案，也更容易建立信任。

真正的傾聽，是讓對方把話說完

回到牛肉麵的故事，假如老闆娘在回應前，先問小婷：「你是擔心衛生問題嗎？」這場對話可能就會完全不同。

當別人還沒把話說完，我們就已經開始預設立場，甚至覺得「我知道你要說什麼」，然後迫不及待地插話，想要搶先表達我們的看法或建議。但事實上，我們以為我們聽懂了，卻其實聽錯了。

在我們的日常溝通中，真正的有效交流，不是「快速回應」，而是「真正理解」。當我們學會慢下來，確認對方的需求，並用心回應，我們的溝通將變得更順暢，我們的人際關係、事業與合作，也會因此更加成功。

今天起，讓我們練習「真正的聆聽」，讓對方把話說完，讓自己確認彼此的共識，讓每一場對話，都能帶來更深的理解與連結。

當我們學會聆聽，不僅讓溝通變得更順暢，也讓我們的人際關係、事業與人生，變得更加圓滿與豐富。

哲維溫暖
\\\ 對您說 ///

練習不急著回應，讓對方把話說完，並允許對話中留有適當的空白。這份空間，能為彼此的關係注入更多溫暖與理解。事緩則圓，讓溝通更順暢，一切將會圓滿。

2-3

聆聽不是「等著說話」，而是要你「全心投入」

一個陽光明媚的午後，咖啡廳彌漫著咖啡的香氣，讓人忍不住想放慢腳步，享受片刻的寧靜。我坐在窗邊的位置，等著朋友到來，手裡端著一杯拿鐵，心裡則在構思接下來的會議要如何順利進行。這間咖啡廳很受歡迎，三三兩兩的顧客或聚在一起聊天，或安靜地看書，環境中有著一種說不出的舒適氛圍。

就在這時，我的注意力被隔壁桌的對話吸引了。兩位約莫六十出頭的「資深美少女」聊得正起勁，她們的聲音隨著話題的起伏忽高忽低，讓人難以忽略。原本我只是想專心做自己的事，但她們的談話卻意外地占據我的耳朵。

「你知道嗎？我最近跟老公吵架，為了一點小事，氣得我一個禮拜都沒跟他講話！」

其中一位婦人語氣帶著委屈。

「這樣啊！對了，我那天去做臉，美容師跟我說，我的皮膚狀況真的要好好保養，不然很快就會老了！」

我聽著她們來來回回，才驚覺到一件有趣的事——她們根本沒在聽對方說什麼。你來我往的過程中，沒有任何一方回應對方的內容，她們只是在輪流說自己的故事。那種感覺，就像兩個人各自在舞台上演著獨角戲，卻完全沒有互動。

這樣的情景讓我覺得有些意外，又有些心酸。原來，許多時候，我們以為自己在「對話」，其實只是在「說話」。

她們聊了一個多小時，話題從家庭瑣事到職場煩惱，再到美容心得，看似豐富，卻絲毫沒有交集。等到各自講夠了，她們笑著道別，離開咖啡廳，彷彿剛剛那段毫無連結的對話，是她們彼此間最好的慰藉。

其實，對話就像是一場網球賽，你來我往，彼此接住對方的球，再回送出去。這兩位資深美少女的對話，卻像是兩個人各自在球場兩邊，拚命地把球打向對方的場地，卻完全沒有看見對方的回擊。久而久之，這樣的「對話」只剩下「各說各話」。

生活中，我們常常因為忙碌，或是急著表達自己的想法，忽略了真正的溝通。我們習慣性地把自己想說的話全倒出來，卻忘了留個空間，去接住對方的話語。

想像一下，如果那兩位資深美少女能夠稍微停下來，聽聽對方的故事，或許她們可以找到彼此經歷中的共鳴，甚至給予更有溫度的支持。當我們在溝通中，能夠像接球一樣，把注意力放在對方的話語上，真正去理解、回應，這樣的對話，才會有有來有往的溫度。

案例分析

當溝通變成獨白，關係如何影響？

一、為什麼我們會不自覺地「各說各話」？

在快節奏的生活中，許多人在對話時，習慣先表達自己的感受與想法，而不是先聆聽對方。這可能是因為：

◆習慣性的自我中心：每個人都有想要被理解、被關注的需求，當有機會表達時，我們常常忍不住把話題拉回自己身上，忘了真正聆聽對方。

◆急於分享經驗：我們以為對方的困擾與我們過去的經歷類似，於是急於分享自己的故事，但這樣的行為其實可能讓對方覺得「你根本沒在聽我說話」。

◆缺乏「回應式對話」的習慣：很多人以為「有對話」就代表「有溝通」，但其實，真正的溝通是建立在「接住對方的話，再回應」的基礎上。

在這個案例中，兩位朋友雖然聊了一個多小時，但由於彼此都沒有真正回應對方的話題，導致這場談話變成了各自的獨白，而不是有深度的交流。

二、這樣的溝通模式，對關係有什麼影響？

短期來看，這樣的對話方式似乎無傷大雅，因為雙方都覺得自己有機會說話，也享受著彼此的陪伴。然而，長期下來，這種溝通模式可能會產生以下影響：

- ◆缺乏深度連結：彼此並未真正理解對方，關係可能停留在表面的寒暄與分享，難以建立更深的情感連結。
- ◆誤會與疏離：如果這種模式延伸到重要的溝通情境，例如親密關係、職場合作，可能會因為「沒聽懂對方的需求」，導致誤會與摩擦。
- ◆減少互信與支持感：當我們習慣於「各說各話」，而非真正傾聽對方，我們可能會讓對方覺得「你不在乎我的感受」，久而久之，關係中的信任感會逐漸降低。

實用技巧

如何避免「各說各話」，讓對話更有意義？

既然這種溝通模式可能影響關係，我們可以如何改善呢？這裡提供三個簡單的方法，幫助我們讓對話變得更深入、更有溫度。

❶ 練習「接球式對話」

溝通就像打網球，如果對方傳來一顆球，我們應該接住，再將球回擊，而不是直接忽視對方的發球，自己開始打另一場比賽。

當對方分享某個經歷時，先用一句「跟對方的話有關的回應」，讓對方知道你有聽進去，再分享自己的故事。例如：

A：「我最近和老公吵架了，覺得很委屈……」

B（回應式對話）：「你覺得最讓你難過的點是什麼？」（這樣的回應能讓對方進一步表達，而不是直接切換話題。）

❷ 保持「好奇心」，讓對話產生共鳴

當我們願意對對方的故事產生興趣，並主動提問，我們的對話就會變得更有深度。例如：

- 「你當時的感受是什麼？」
- 「如果可以重新選擇，你覺得會怎麼處理？」
- 「這件事對你來說最重要的是什麼？」

這樣的提問，不僅讓對話更有層次，也能讓對方感受到你的關心與尊重。

❸ 停頓三秒，讓彼此有足夠的空間

在對話中，適時地停頓，可以讓彼此有更多空間去思考，也能避免「搶話」或「急於發表意見」。

當對方說完一句話，先停頓三秒，看看對方是否還有話要說，再決定如何回應，這樣能讓對話更自然流暢，也能讓彼此感受到被尊重。

好奇心與共鳴：讓對話充滿溫度

我們都希望被理解、被在乎。但當我們急著表達自己，卻忘了傾聽別人時，我們其實

剝奪了自己與他人建立深層連結的機會。**真正的對話，需要我們保持好奇心，去探究對方話語背後的情緒與需求。**

比如，當你的朋友說：「我最近工作壓力好大。」你可以試著這樣回應：「有什麼我可以幫忙的嗎？」這樣的回應，能夠讓對方感受到你的關心，而不只是敷衍。

在乎對方的情緒感受，才能真正建立對話的橋樑。當我們能夠帶著好奇心，真誠地想要了解對方，對方也會更願意打開心房，與我們分享更多。

全心投入：用心接住對方的話

或許你會問，全心投入的聆聽，到底是什麼樣的感覺呢？其實，就是你不再急著找機會插話，而是靜靜地、專心地，把對方的話聽進去。在這個過程中，你的心思不再是盤算著等會兒怎麼回應，而是用心去感受，對方話語中的每一絲情緒變化。

真正的聆聽，是讓自己像一杯清水，純淨而透明，能夠容納對方的想法與感受。而不是像滿滿一杯水，無法再裝進任何東西。當我們能夠讓自己空下來，就會發現，其實有很多事情，我們從來沒有真正理解過。

注意力的挑戰：當下的珍貴

現代生活中，我們的注意力總是被無數訊息牽引，手機的通知、工作的壓力、家庭的責任，讓我們很難真正專注於當下的對話。這也是為什麼，許多時候，我們以為達成了共識，回到家卻發現彼此的理解完全不同。

或許，我們可以試著在每一次對話中，放下分心的事物，讓自己的心真正沉浸在當下。當我們願意這樣做，會發現對方也開始放下防備，願意更坦誠地與我們交流。

開放心態：讓彼此的世界更廣闊

兩個滿滿的杯子，是無法交換的。當我們以為自己知道一切，總是急著表達，實際上，我們就關閉了接收新資訊的門。學會「空杯心態」，放下過去的既定印象，或許你會驚訝於，原來世界還有這麼多你未曾了解的角度與可能。

當我們保持彈性，願意聽聽不同的聲音，不急著反駁或下結論，這樣的對話，會讓我們看到更多、更廣的世界。

讓對話成為心與心的連結

當時在咖啡廳的兩位資深美少女，或許在各自的世界裡找到了慰藉，但若能停下來，彼此聆聽，或許她們會發現，原來對方的經歷中有著自己的影子。或許，她們可以成為彼此真正的支持者，而不是只有聽見，卻不曾理解。

當我們開始學會真正的聆聽，對話不再只是信息的交換，而是心靈的碰撞。當你願意放下成見，靜靜地聆聽，或許你會發現，那些話語背後，藏著的是對方對你的信任與期待。

讓我們一起練習，讓每一次對話，都能成為彼此生命中的一段美好連結。

哲維溫暖

\\\ 對您說 ///

靜靜地聆聽，本身就是一種溫暖。愛你的人，自然會願意傾聽你的心聲。而當我們用心帶給對方更多溫暖，彼此的感情將更加深厚，讓心與心都感受到溫暖與連結。

2-4 開啟「訊息雷達」，聽懂話語背後的情緒與需求

小張是我的好朋友，也是我長期合作的夥伴。一路以來，我們在許多專案並肩作戰，他的細膩與負責總能讓我感到安心。然而，這一次，他負責的工作進度卻與預期有不小的落差。

我沒有質疑，而是選擇打電話給他，看看有什麼我可以幫上忙的地方。

「小張，最近的專案還順利嗎？」

電話那頭的他語氣如常，甚至聽起來還帶著一點輕鬆：「嗯，還可以啊，沒什麼問題，照著計畫進行。」

聽起來一切風平浪靜，按理說應該讓我放心，但內心深處卻浮現一絲疑惑——如果真的沒問題，為什麼我們明明有共識的進度卻停滯不前？

「那很好啊！接下來的部分，你覺得怎麼安排比較好？」

「就按照我們之前討論的方式繼續往下做吧。」

表面上來看，這是個完全合理的回應，但我開始察覺到些許不尋常的細節——他並沒有表達任何具體的行動計畫，而是用一個模糊的「按照討論」來帶過。

「那有沒有哪個部分讓你覺得卡關？」我試探性地問了一句。

電話另一端沉默了幾秒，接著，小張淡淡地說：「我知道，我再想想看。」

就是這句話，讓我瞬間提高了警覺。

「我再想想」的真正含義

在人際對話中，「我再想想」是一句極為常見的話，表面上只是表示「還沒決定好」，但當它出現在一個本該進行順利的專案裡，卻可能代表更深層的問題——對方其實已經遇到困難了，但還沒找到合適的方式表達，或者根本不願意求助。

於是，我決定進一步詢問：「是有什麼特別的難點嗎？還是遇到了什麼問題？」

這一次，小張沒有立刻回答，而是過了幾秒才說：「等我想到解決方法，再跟你說。」

這句話進一步確認了我的猜測——小張遇到了瓶頸，但小張的信念告訴他：「問題應該要自己想辦法解決，想出解法之後再說出來，這樣才算是一個負責任的夥伴。」

這讓我意識到，如果此刻我不去拆解這個信念，專案可能會繼續卡在這裡，甚至讓小張背負不必要的壓力。

真正的問題，不只是「遇到困難」，而是「無法求助」

我溫和地說：「其實啊，我們可以一起來討論看看，或許有些問題並不需要你一個人想出答案，而是可以透過團隊的資源來解決。」

小張在電話那頭安靜了一會兒，接著他嘆了一口氣：「可是……如果我自己想不出方法，然後還要別人幫忙，那我是不是不夠有責任感？」

這時候，我才真正理解到，問題的核心並不是技術性難題，而是「求助」這件事本身讓他覺得內心有壓力。

他深信：「如果一個人夠專業，就應該獨自解決問題，這樣才值得被信任。」但事實上，這樣的信念卻無形中拖慢了整個團隊的進度，也讓他自己陷入壓力之中。

我笑著對他說：「小張，你知道嗎？如果能夠善用身邊的資源，把問題更快解決，這也是負責任的表現啊！」

「我們不是要證明自己能夠獨立解決所有問題，而是要確保專案順利進行，這才是團隊合作的核心價值，不是嗎？」

這句話似乎讓小張鬆了一口氣。他沉默了一下，然後說：「好吧，那我們一起來看看，怎麼解決這個問題。」

看見需求，才能真正解決問題

後來，我們開始深入討論，發現這個專案之所以停滯，是因為它需要額外的資源支持，而這並不是靠他自己就能解決的事。這讓我更加確信，很多時候我們面對的「停滯」，並不是真的沒有辦法前進，而是因為我們習慣了「獨自承擔」，而忽略了團隊的力量。

這次的經驗讓我學到了一個很重要的事情——在對話中，真正的關鍵訊號往往不是對方說了什麼，而是對方「沒有說出來」的部分。

如果當時我只是關心進度，而忽略了小張「我再想想」這句話背後的情緒，我可能就會錯過這個問題的核心，也可能會讓他繼續在壓力中孤軍奮戰。

細微訊號背後的情緒——真正理解，才能真正幫助

在這個充滿即時訊息與高效率溝通的時代，我們常常認為，只要快速傳遞訊息、明確表達需求，就能讓一切順利推進。但其實，許多真正影響溝通成效的關鍵，藏在那些「沒有說出口」的細節裡。如果我們只是聽到表面的話語，而忽略了言語背後的情緒與需求，很可能會錯過真正的問題所在，導致溝通不暢、專案卡關，甚至影響彼此的信任與合作關係。

小張的故事，讓我深刻體會到「訊息雷達」的重要性——如果我們只關注對方「說了什麼」，而忽略「為什麼這樣說」，就可能錯失幫助對方的機會，也讓事情陷入僵局。

那麼，為什麼人們在遇到困難時，會選擇「再想想」，而不是直接求助？這背後，其實與每個人的思維模式、過去經驗，以及對「求助」這件事情的看法息息相關。

案例分析

從「獨立解決」到「團隊合作」——為什麼我們害怕求助？

一、「如果我問了，會不會顯得我不夠專業？」

許多人在職場或合作關係中，會認為「被需要」才是價值的展現，因此當他們遇到困難時，第一個反應不是尋求幫助，而是先試圖自己找到解決方案。這樣的想法，往往來自於過去的經歷，例如：

- 曾經因為求助而被質疑能力不足。
- 在過往的環境中，獨立解決問題才被視為優秀。
- 認為「麻煩別人」會降低自己在團隊中的價值。

這讓他們在困難面前選擇「我再想想」，而不是直接說出問題，因為這樣做，至少還能維持「我可以解決」的形象。

二、「如果我沒有答案，那還算是負責任的人嗎？」

像小張這樣負責任的人，內心深處可能有一個強烈的信念：「真正的專業人士，應該能夠獨立面對挑戰，而不是在問題還沒解決前就去求助。」

這樣的想法，其實來自於一種「結果導向」的壓力，導致他們在還沒想出答案之前，不願意讓問題曝光。這樣的行為模式，在職場與創業圈中很常見，例如：

◆ 高階主管：覺得自己應該要有所有問題的解決方案，否則會顯得不稱職。
◆ 創業者：認為應該先找到完整的商業模式再向投資人提案，而不是還沒解決問題時就尋求資源。
◆ 專案負責人：擔心如果在問題還沒釐清時就向團隊求助，會讓大家覺得他缺乏方向感。

這樣的信念，讓他們下意識地把問題留給自己，直到找到「能夠交代的答案」才會開口。然而，當問題本身需要外部資源或團隊合作才能解決時，這樣的思維反而會讓事情停滯不前。

這樣的提問方式，不會讓對方感覺自己被逼著給出答案，而是讓他有機會慢慢打開話匣子，從「封閉」轉向「開放」。

真正的聆聽，是讓對方願意開口

這次的經驗讓我深刻體會到，真正的溝通，並不只是讓對方回應我們的問題，而是讓對方願意說出他真正的困難。當我們能夠敏銳地察覺對方話語背後的情緒，並用合適的方式引導對方敞開心扉，我們就能夠真正幫助對方，讓團隊合作變得更順暢。

我們可以成為那個讓對方安心開口的人，幫助他們看見：「尋求支持，並不是無能的表現，而是讓事情順利推進的關鍵。」

下次當你聽到對方說：「我再想想」，不要只停在表面，而是試著探尋背後的真正需求。當我們學會開啟「訊息雷達」，我們將不只是聆聽，更能成為真正有影響力的溝通者。

實用技巧

如何在對話中開啟「訊息雷達」？

這次的經驗讓我意識到，要真正聽懂對方的需求，需要培養一種敏銳度——一種能夠察覺「話語之外的情緒」的能力。

以下是幾個可以練習的方法：

❶ 留意對方的用詞

◆「我再想想」「再看看」「沒事啦」這些話，常常是內心有壓力但還沒準備好說出口的訊號。

❷ 觀察語氣與停頓

◆如果對方的語氣猶豫、遲疑，或者有長時間的停頓，可能代表他內心有糾結，這時候可以進一步詢問：「有什麼困難嗎？」

❸ 用開放式提問引導

◆例如：「這個部分，你覺得最大的挑戰是什麼？」比起直接問「有沒有問題」，更能讓對方願意分享。

當對方回答「我再想想」時，我們可以進一步用開放式的提問，幫助對方思考，讓他慢慢釋放壓力。例如：

「如果可以獲得更多資源支持，你覺得哪部分會比較好解決？」

「目前遇到的最大挑戰是什麼？我們可以先一起拆解看看嗎？」

「這個問題你有沒有想過幾種可能的方向？我們一起討論看看可行性。」

❹ 創造安全感，讓對方願意說出來

◆ 告訴對方：「你遇到問題是很正常的，團隊就是為了互相支持而存在的。」這樣能夠降低對方的心理負擔，讓他更願意分享真實狀況。

有些人之所以不願意在問題未解決時求助，是因為害怕被批評或被質疑能力不足。因此，在溝通時，我們應該讓對方知道，提出問題並不是一種負擔，而是團隊成長的一部分。

「這件事如果能夠更快找到資源來處理，對整個專案都有幫助，讓我們一起來看看有沒有其他方式吧！」

「我相信你的能力，也相信有時候某些挑戰是需要更多資源的，你希望我怎麼幫助你？」

這樣的說法，能夠降低對方對「求助」的抗拒感，讓他們知道自己不是一個人在承擔問題。

這次與小張的對話，讓我深刻體會到，讓對方願意說出真正的困難，不是去質疑他的能力，而是讓他感覺到「這不是一個人的問題，而是團隊的問題」。

聆聽，不只是聽見，而是理解

溝通的真正價值，從來不只是聽見對方說了什麼，而是理解對方沒有說出的部分。有時候，**一個簡單的詞句、一個短暫的停頓，甚至是一句「我再想想」**，其實都藏著許多未**被看見的情緒與需求**。而當我們開啟「訊息雷達」，敏銳地捕捉這些訊號時，就能幫助對方更順利地前進，甚至為團隊帶來突破性的改變。

這次的對話讓我深刻體會到，**溝通的真正價值，不是確保對方「有回答」，而是確保我們「真正理解」**。當我們願意放慢腳步，留意那些微小的訊號，我們就能更深入地看見對方的需求，也能讓每一次對話都成為彼此成長的契機。

當我們開啟訊息雷達，就能看見那些隱藏的情緒與需求，讓溝通不只是表面的資訊交換，而是真正的心與心連結。

哲維溫暖
\\\ 對您說 ///

留意那些微小的訊號，當察覺異樣時，勇敢主動提問，不必擔心是自己多想了。與其事後懊悔錯過伸出援手的機會，不如確認後發現只是多慮，這一份關心，或許正是對方最需要的支持。

創造「共鳴」，讓對方自然而然敞開心房

那天，我在一場工作坊擔任講師，教導大家如何提升溝通力與內在能量。台下的學員們認真聆聽，時不時點頭回應，讓整個場域充滿了學習的氛圍。然而，我的視線無意間落在一個人身上——小恩。

她安靜地坐在角落，似乎在猶豫些什麼。課程進行到問答環節時，幾乎所有人都熱烈地討論著，只有她，抿著嘴、眉頭微皺，眼神中透著一絲躊躇。我看得出來，她心裡有話想說，但又遲遲沒有開口。

當課程結束，學員們陸續離開，我決定走向她，輕聲問道：「小恩，剛剛的內容有幫助到妳嗎？」

她微微抬頭，眼裡帶著一絲驚訝，像是沒想到我會特別注意到她。猶豫了一下，她才輕聲說：「其實，我剛剛有一個問題想問，但我怕這個問題……太難回答了。」

「沒關係，妳可以試著說說看，也許我們可以一起討論。」我微笑地看著她，給予她

一個安全的空間。

她沉默了一會兒，然後終於鼓起勇氣開口：「我一直很羡慕像你這樣能量滿滿的人，總是充滿正向力量，可以幫助很多人。但我……我長期處在低能量的狀態，甚至有時候連起床都覺得困難。我有去看身心科，讀過很多書，也試著學習正向思考，可是都覺得效果有限。每次看到像你這樣正面、有影響力的人，我心裡既嚮往，又覺得遙不可及。我不知道該怎麼辦……」

她的聲音微微顫抖，眼眶泛著淚光。那一刻，我明白，她不是來尋求一個「方法」或「解決方案」，而是希望有人能夠理解她的困境。

當我們願意敞開，世界才會回應

我沒有急著回答，而是靜靜地坐在她旁邊，讓她的情緒有機會流動。然後，我緩緩地說：「小恩，我能理解你的感受，因為……我也曾經歷過那樣的時刻。」

她驚訝地看著我，彷彿不敢相信像我這樣外向、積極的人，竟然也曾陷入低潮。

於是，我向她敞開了我的故事——小時候的我，因為表達能力不好，常常被同學排擠，甚至在某些場合，連開口都變成一種壓力。我記得有一次，老師要同學們輪流發表想法，當輪到我時，我的喉嚨像被堵住了一樣，明明腦子裡有話，卻怎麼也說不出來。那種被世界遺忘的感覺，就像被困在一個透明的玻璃箱裡，沒有人能夠真正聽見你，也沒有人會來拯救你。

說到這裡，小恩的淚水不知不覺滑落。她的雙手緊握成拳，彷彿在壓抑著什麼情緒。我沒有急著安慰她，因為我知道，這一刻，她需要的不是「鼓勵」，而是一個可以讓她安心釋放情緒的空間。

「那種感覺很孤單吧？」我輕輕地說。

她點點頭，眼淚終於潰堤。

我們沉默了一會兒，她才開口：「我從來沒有跟別人說過這些，因為我怕說了，別人只會叫我『加油』，或是告訴我『要正面一點』。但這些話，聽起來只讓我覺得更無力……」

真正的支持，不是站在高處給予建議，而是與對方並肩同行

這讓我想起一件事——當我們站在制高點給別人建議時，很容易讓對方感到距離感，甚至覺得自己被「同情」，而非「理解」。

有時候，我們習慣用鼓勵的話語來安慰別人：「你要振作啊！」「加油，一切都會好起來！」但這些話對於正在經歷低潮的人來說，往往只會帶來更多的壓力。因為，他們已經努力了，但如果結果沒有變好，這些鼓勵反而會讓他們覺得是自己「做得不夠好」。

共鳴的力量：真正的理解，勝過千言萬語

在這個快節奏、資訊爆炸的時代，我們習慣了追求快速的解決方案，卻往往忽略了，真正讓人感到被支持的，不是建議，而是共鳴與理解。

小恩的故事提醒了我，我們在面對困惑、低潮或迷惘時，最害怕的不是沒有答案，而是沒有人懂我們的感受。當一個人陷入內耗，他真正需要的不是另一個「成功者」來告訴他該怎麼做，而是有人能夠進入他的世界，與他並肩同行。

這樣的時刻，我們該如何真正「幫助」一個人？這次的經驗，讓我深刻體會到共鳴的力量——當我們願意分享自己曾經的傷痛，當我們願意坦承「我也經歷過」，那股來自靈魂深處的理解，遠比任何方法論來得更有影響力。

實用技巧

那我們可以怎麼做呢？

❶ 真正的幫助，來自於「被看見」

在工作坊上，我敏銳地注意到小恩的猶豫——她想問問題，卻遲遲不敢開口。這是一個重要的細節，因為當一個人感覺到「不值得被關注」時，他們往往會選擇沉默。

很多時候，我們都曾有過這樣的時刻——心裡有話想說，卻害怕別人不在乎，害怕自己的困擾顯得「微不足道」，或者害怕被貼上「負面」的標籤。這種恐懼，讓人選擇封閉自己，即便內心渴望被理解，也不敢輕易開口。

當我們察覺到這樣的訊號，**主動給予一個安全的空間，讓對方知道「你的困惑是值得被討論的，你的感受是被在乎的」，往往就是打開對話的關鍵。**

❷「我懂你」比「你應該」更有力量

在小恩開始說出自己的困擾後，我刻意沒有直接給她建議，而是選擇與她分享自己的經歷。這是因為，當一個人處在低能量的狀態時，他其實無法輕易接受外界的指導，反而更需要「你不是一個人」的感受。

我告訴她，過去的我也曾經經歷過被忽視、被質疑，甚至覺得自己無法融入個世界的階段。當我說到「那種感覺就像被困在一個透明的玻璃箱裡，無論怎麼呼喊，外面的人都聽不見」，她的淚水終於流了下來。

這個瞬間，我知道，我們真正連結上了。

因為他感受到，我不是站在高處看著他，而是曾經走過他正在經歷的道路。

❸ 避免無效安慰，創造真正的支持

我們常常看到，當一個人表達他的困難時，身邊的人會立即說：「加油！」「別想太多，一切都會變好的。」

這些話的出發點是善意的，但對於正在經歷困難的人來說，這種話反而容易造成壓力，讓他們覺得自己「不夠努力」或「不該這麼情緒化」。

真正的支持，不是急著安慰對方，而是讓對方知道，他的感受是被允許的。

- 「我懂，這真的很不容易。」
- 「如果我是你，我可能也會這麼覺得。」
- 「你願意跟我分享這些，我很感激，因為這需要很大的勇氣。」

這些話，才能真正讓對方感受到「我是被理解的」。

❹ 創造安全感，讓對方願意繼續前進

在那次對話的最後，小恩說：「我還不知道自己什麼時候能變得像你一樣正向，但至少，今天我不再覺得自己是一個人了。」

這句話讓我明白，真正的改變，往往不是來自於一句話的開導，而是來自於一種安全感——讓對方知道，他不必獨自面對。

我們無法要求一個正在低谷中的人立刻「變好」，但我們可以陪伴他，在他的步調裡，一步一步向前走。

當一個人感覺到被支持、被理解，他內在的能量就會逐漸累積，直到有一天，他終於能夠站起來，繼續往前走。

真正的影響力，不是站在高處教導，而是願意持續陪伴

這次的經驗讓我更加堅信，影響一個人的方式，不是透過說教，而是透過理解。

當我們願意放下「我是來幫助你的」這種優越感，而是單純地傳遞「你並不孤單」的訊息，真正的改變才會發生。

在我們的生活與工作中，也許我們會遇到像小恩這樣的人——他們在某個階段陷入低潮，對未來感到迷茫。這時候，請記住：

你不需要成為他們的導師，你只需要成為願意聽他們說話的人。只要願意用心聆聽、真誠地陪伴，讓他知道：我懂，我在，你不孤單。

因為，有時候，**一個真正的理解，比千言萬語的安慰更有力量。**

我們不需要成為別人的導師，只需要成為願意聽見他的人。

真正的影響力，不是來自我們站得多高，而是來自於我們有多能夠走進別人的世界。

哲維溫暖

\\\ 對您說 ///

所有的經歷，最終都會成為最好的安排。那些曾讓你不開心的時刻，或許有一天，會讓你與眼前的朋友產生共鳴，真正理解他的感受。當你能夠實實在在地接住對方，他將不再感到孤單，而你的過往，也將因此變得有意義。

2-6 與其猜測，不如學會「精準提問」

那是個普通的早晨，但對我來說，卻是一場「全新的挑戰」。

這一天，我的太太和好朋友們有行程，而我被「委任」了一項艱鉅的任務——獨自照顧兩個小孩，長達十六個小時！

一個是十歲的哥哥，一個是七歲的妹妹，聽起來應該還好，畢竟他們已經不算是嬰幼兒了，應該不會太難應付吧？在好朋友出門前，我們還特地討論了一整天的活動安排，確保行程流暢，沒有遺漏任何細節。我心想：「只要按照計畫來，這一天應該會很順利。」

然而，計畫總是趕不上變化——事實證明，這一天不只是對體力的考驗，更是對耐心與理解力的挑戰。

體力消耗戰：帶孩子出去玩，真的不是一件輕鬆事。

清晨六點，朋友剛出門，我心裡還暗自盤算著：「小孩子應該可以再睡一會吧？」

錯！大錯特錯！

兩個孩子一臉興奮地跳下床，眼睛炯炯有神，毫無睡意地看著我，哥哥滿臉期待地問：「叔叔，我們今天要去哪裡玩？」

那一刻，我才意識到，原來這一天才剛剛開始，我的「幻想計畫」瞬間破滅。於是，我帶著他們去附近的公園，一邊探索，一邊讓他們放電。小朋友的世界單純又充滿驚喜，他們看到什麼都覺得新鮮，盪鞦韆、爬攀爬架、溜滑梯，每一樣都能讓他們玩得不亦樂乎。

而我呢？才過了一個早上，就已經體力透支，坐在公園長椅上氣喘吁吁地看著他們。

這時，妹妹突然跑過來問：「叔叔，等等回家之後，我們還會再出來玩嗎？」

我想也沒想，就直接回答：「當然不會啊，回家就休息、吃晚餐了。」

妹妹聽完，只是「喔」了一聲，然後又繼續快樂地玩著溜滑梯。那一刻，我以為這只是個普通的對話，完全沒察覺到這句話對她來說有多重要。

突如其來的「意外」

就在我稍微放鬆警戒的時候，公園裡突然傳來一聲驚天動地的大叫：「叔叔！！」

哥哥急切地朝我奔來，臉上寫滿焦急和慌張。我心頭一震，腦袋瞬間閃過無數個畫面——妹妹受傷了？發生什麼事？

我立刻衝過去，結果發現妹妹站在溜滑梯旁，一切安然無恙。但當我仔細一看，才發現問題的關鍵——她的褲子不對勁。

「妹妹……你怎麼了？」我試探性地問。

哥哥滿臉緊張地指著她的褲子：「叔叔，她……她大便在褲子上了！」

那一瞬間，我的腦袋完全當機。

七歲的孩子應該已經能夠自己上廁所了，怎麼會發生這種事？

但我心裡有個疑問一直揮之不去——妹妹明明可以自己上廁所，為什麼她沒有告訴我，而是選擇「忍到最後」呢？

耐心傾聽，才發現真正的問題

等到一切處理完畢後，我蹲下來，看著有些不安的妹妹。她低著頭，像是已經準備好要接受責罵。但我知道，現在責怪她沒有意義，這樣只會讓她更害怕表達自己的需求，甚至以後更不敢說出困難。

於是，我用溫和的語氣問：「妹妹，我現在不是要罵你，我只是想知道，你為什麼想上廁所卻沒有跟我說呢？」

她抬起頭，看著我，眼神中帶著一絲擔心，像是在衡量我會不會生氣。

「沒關係，你可以跟我說，我想知道，這樣以後如果再帶你出去玩，我才知道該怎麼做，讓你玩得更開心。」

她猶豫了一下，然後才小聲地說：「因為……我以為只要我說要上廁所，我們就要回家了。可是我還想玩……」

那一刻，我終於明白了。她不是不會表達，而是因為她誤以為「上廁所」和「結束遊戲」是同一件事情。原來，她剛剛在公園問我「回家後還能不能出來玩」，並不是隨口一問，而是想要確定如果她現在說要上廁所，會不會因此失去繼續玩的機會。

當她發現無法兩全其美時，她選擇「忍耐」，希望能多玩一會兒——但沒想到，最終還是沒忍住。

理解，勝過責備

如果當時的我只是責罵她：「怎麼這麼大了還這樣！以後要說啊！」那麼她的內心會怎麼想呢？她可能會覺得：「下次我一定不能再犯錯！」但更可能的是：「下次我遇到困

難，我還是不說，因為大人不會理解我。」

但現在，她知道我不會因為這件事責怪她，而是願意理解她的想法。這讓她未來在遇到問題時，更有可能開口說出來，而不是選擇默默承受。

這次的經歷，讓我學到一個很重要的課題——孩子的行為背後，往往有著大人沒察覺到的原因，而我們要做的，**不是急著糾正，而是先去理解**。同時也讓我深刻體會到，與其猜測對方的想法，不如學會「精準提問」，幫助對方更清楚地表達自己的需求。

學會「精準提問」，才能真正理解對方

在這次經驗之後，我開始反思——我們在生活、職場、甚至人際關係中，是不是經常習慣性地猜測，而不是去問？

如果我們能夠學會更好的提問方式，就能減少誤解，也能讓溝通變得更加順暢。

實用技巧

以下三個技巧，可以幫助我們問出「精準有效的問題」，讓對方願意清楚表達，而不是讓我們陷入猜測的漩渦。

❶ 反問式提問：幫助對方釐清需求

✕錯誤示範▸妹妹：「回家之後還能不能再出來玩？」

我：「當然不行啊！」

這樣的回答讓對方沒有進一步表達的機會，也讓真正的需求被忽略了。

〇精準提問▸「你這麼問，是因為還想繼續玩嗎？」

這樣的問題，能夠讓對方進一步說明自己的想法，而不是被動接受答案。

❷ 避免封閉式問題，改用開放式提問

✕錯誤示範▸「你是不是不敢說？」（讓對方只能回答「是」或「不是」）

〇精準提問▸「你剛剛選擇不說，是因為擔心什麼嗎？」（讓對方有機會完整表達）

開放式提問可以讓對話變得更自然，也能讓對方更自在地分享真正的想法。

❸用「如果」引導思考，減少壓力

有時候，對方可能不確定該怎麼回答，這時候可以用「假設性」的提問來減少壓力。

○精準提問▶「如果下次還想玩，但又需要上廁所，你覺得我們可以怎麼做，讓你又能玩，又能解決這個問題？」

這樣的問法，不會讓對方覺得「自己做錯了」，而是能夠引導他去思考更好的方法。

與其猜測，不如學會「精準提問」

這次的經驗，讓我深刻體會到，**真正的溝通不是「自己說得清楚」，而是讓對方願意開口**。

如果我們總是習慣猜測對方的需求，最終只會落入錯誤的判斷，甚至讓關係變得更疏離。但當我們願意改變方式，透過「精準提問」來讓對方說出真正的想法，不僅能減少誤解，也能讓溝通變得更加順暢和有效。

這不只是適用於孩子，也適用於職場、伴侶關係，甚至是我們與自己的內在對話。下次當你面對不確定的狀況時，不妨試著問自己：「我是在猜測，還是我真的問了？」

因為，**真正的理解，不來自於我們的想像，而來自於對話的深度**。

真正的理解，來自於耐心傾聽

從一場挑戰，學會更深層的溝通之道

育兒，對許多父母來說，是一場沒有終點的學習過程。而對於沒有太多帶孩子經驗的我來說，這一天無疑是一場突如其來的試煉。

當我接下這個「從早到晚照顧兩個孩子」的任務時，我還充滿信心地以為，只要安排好活動，照著計畫走，應該不會有太大的問題。事實卻告訴我，小孩的世界裡，計畫是用來被打亂的，而真正的溝通，從來不是「講道理」這麼簡單，而是「理解他們的想法與需求」。

照顧孩子，不只是體力考驗，更是理解的修煉。

理解，勝過指責，才能讓人願意開口

這次的經驗讓我學到一件重要的事——孩子的行為背後，往往有著大人沒察覺的原因，而我們的責任，不是急著糾正，而是先去理解。

所以，我改變了做法，我對她說：「下次如果還想玩，但又需要上廁所，你可以先跟我說，我們可以一起想辦法，讓你又可以上廁所，又可以繼續玩，好嗎？」

她睜大眼睛，似乎沒想過「可以這樣做」，然後用力點點頭：「好！」

那一天之後，妹妹變得更願意表達自己的需求。有一次，我們出去玩時，她主動跑來拉著我的手說：「叔叔，我想上廁所！但我還想玩，我們可以怎麼做？」聽到這句話，我不禁笑了。

這是一個很簡單的改變，但它的意義深遠——因為她現在知道，她的需求是被允許的，是可以被解決的，而不需要「忍耐」。

這也讓我思考，我們成年人呢？是不是也有太多時候，選擇「忍住」，而不是「表達」？

真正的溝通，是讓對方敢於開口

這次的經歷，讓我明白一件事——孩子的世界比我們想得更細膩，而真正的溝通，不只是讓我們說出自己的想法，更是讓對方敢於表達自己的需求。不只是對孩子，這個道理也適用於職場、家庭、朋友關係，甚至是我們自己。

如果我們能夠真正傾聽，不帶批判地理解對方的困難，就會發現，很多「問題行為」，其實只是未能說出口的需求。溝通，不只是語言的交換，而是讓每一次對話，都成為彼此更深的連結。

這一天，我原本以為自己是個「照顧者」，但事實上，我也是個「學習者」。從一個七歲的孩子身上，我學到了最珍貴的一課：當我們願意耐心傾聽，就能真正理解，而當我們真正理解，就能改變一個人對「溝通」的看法，甚至影響他一輩子。

當我們能夠真正傾聽，不帶批判地理解對方的困難，就會發現，**很多「問題行為」，其實只是未能說出口的需求**。

溝通，不只是讓我們說出自己的想法，更是讓對方敢於開口，讓每一次對話都成為更深的連結。

哲維溫暖

\\\ 對您說 ///

人生中許多課題往往來得猝不及防，我們無法事先準備好一切，但可以學會適應變化。人生本就是見招拆招的過程，當突如其來的變化再次發生時，先好好擁抱自己，別著急，讓自己冷靜下來，然後思考如何以最圓滿的方式應對。

工具箱

這是關於「高能量溝通核心第一步——聽得懂」的工具箱，能讓你真正掌握如何深入理解對方需求，而不只是表面上的應對。以下是五個獨特且強大的「**聽懂需求**」溝通工具，每個工具都包含**核心概念**、**如何使用**、**使用時機**、**實際使用情境舉例**、**關鍵技巧及練習題**！

工具①：「深層聆聽三步驟」——不只是聽，還要「聽出真正需求」

【核心概念】

在對話中，人們表達的不一定是他們真正的需求。很多時候，真正的問題隱藏在他們的語言背後。這個工具幫助你拆解對方話語的三個層次，從表層資訊深入到他真正的需求。

【如何使用】

第一步：確認表層資訊（What，他說了什麼？）

- 先專注於對方字面上的話，例如：「最近工作壓力好大。」
- 這是最表面的訊息，不能直接以此為最終結論。

第二步：挖掘情緒資訊（How，他說的語氣？）

- 觀察他的語氣、臉部表情、肢體語言。例如：「他語速變快，眉頭緊鎖，可能是真的焦慮。」
- 這一步讓你進一步了解他的感受，而不只是他的語言內容。

第三步：找出核心需求（Why，他為何這麼說？）

- 透過開放式提問來確認對方的真正需求，例如：「你覺得哪部分的壓力最讓你困擾？」
- 這能幫助對方更清楚自己的問題，同時也讓你真正理解他的核心需求。

【使用時機】

- 當對方的言語中透露出負面情緒時（如壓力、焦慮、挫折）。
- 當你覺得對方的話語中有隱藏的真相時。
- 當對方一直重複某個話題時，可能表示這是他的關鍵問題。

【實際使用情境舉例】

場景1：職場對話

員工：「最近的工作真的壓力很大，我快撐不住了。」

一般回應：「你可以請假休息一下啊！」（這種回應忽略了核心需求）

深層聆聽回應：「你覺得是哪一部分讓你壓力特別大？」（幫助對方釐清真正問題）

場景2：親密關係

伴侶：「我覺得你最近都不關心我。」

一般回應：「哪有！我不是每天都跟你講話嗎？」（這會引起爭吵）

深層聆聽回應：「你是指我最近比較少問候你，還是有什麼特別的事情讓你覺得這樣？」（這樣能讓對方感覺被理解）

【關鍵技巧】

關鍵技巧1：不要急著回應，而是先分析對方的語氣和情緒。

關鍵技巧2：多用開放式問題來引導對方說出更多內心話，而不是直接提供解決方案。

關鍵技巧3：透過「所以你的意思是……對嗎？」這類確認性問句，確保自己沒有誤解對方的需求。

【練習題】

工具1：「深層聆聽三步驟」——不只是聽，還要「聽出真正需求」

這些練習題旨在幫助你將「深層聆聽」融入日常溝通，讓你不僅能「聽到」，更能「聽懂」，進而提升人際關係與影響力。

練習題1：從「字面意思」深入挖掘真正需求

題目：

你和你的事業夥伴一起開發新產品，某天她對你說：「最近我真的好累，快撐不下去了。」

如果你用表層聆聽，你的第一直覺可能會是：「她是不是只是太忙，需要休息？」

但如果你運用深層聆聽三步驟，你該怎麼拆解這句話，找出她的真正需求？

作答步驟（請寫下你的回答）

1. **確認表層資訊：**她字面上說了什麼？
2. **挖掘情緒資訊：**她的語氣、神情、肢體語言如何？（例如她語氣疲憊、皺眉、嘆氣，還是帶有挫折感？）

3. 找出核心需求：透過什麼開放式問題，你可以幫助她釐清真正困擾她的地方？（例如：「讓你最疲憊的部分是什麼？」、「是工作內容太多，還是心裡有什麼壓力？」）

進階思考

- ◆你認為她的「累」，只是單純的身體疲憊，還是心理壓力？
- ◆如果只是安慰她「去休息吧」，這會解決問題嗎？

練習題2：避免誤解情緒，真正聽懂對方的期待

題目：

你和你的孩子共度了一整天，晚上他突然說：「你都沒有陪我玩！」

你的第一反應可能會是：「怎麼會？我今天一整天都在陪你啊！」

但這樣的回應可能會讓孩子更加不滿。請運用深層聆聽三步驟，分析這句話背後的真正需求。

作答步驟（請寫下你的回答）

1. **確認表層資訊**：這句話的表面意思是什麼？

2. **挖掘情緒資訊**：他的語氣是抱怨？失落？還是撒嬌？（例如：他說這句話時，是生氣的？還是低著頭小聲說的？）

3. **找出核心需求**：這句話可能真正想表達的意思是什麼？你可以用什麼開放式問題來幫助孩子說出他的感受？（例如：「你是希望我怎麼陪你玩呢？」、「你覺得我們今天哪一部分的時間不像在玩？」）

進階思考

◆ 你認為孩子在意的是「時間長度」還是「陪伴的方式」？

◆ 如果你的回應只是「我已經陪你很久了」，這樣的對話會怎麼發展？

練習題3：幫助對方釐清問題，而不是急著解決

題目：

你的下屬在會議後找到你，抱怨說：「這個專案根本沒救了，根本不可能成功！」

你的第一反應可能會是：「別這麼悲觀，一定有辦法的！」但這樣的回應可能會讓他覺得你不理解他的困境。

請運用深層聆聽三步驟，分析這句話背後可能的真正需求，並寫下你會怎麼回應。

作答步驟（請寫下你的回答）

1. **確認表層資訊：**他字面上說的話是什麼？
2. **挖掘情緒資訊：**他的語氣是沮喪？生氣？還是挫折？他的肢體語言是怎樣的？

（例如：拍桌子？雙手抱胸？嘆氣？）

3. **找出核心需求：**他真正想要的可能是什麼？是資源支援？是心理支持？還是只是需要一個可以發洩的對象？你會用什麼問題來幫助他釐清狀況，而不是直接幫他解決？

（例如：「你覺得是哪一部分的困難讓你有這樣的想法？」、「如果這個專案真的沒救，原因是什麼？」）

進階思考

◆如果你的第一反應是「一定有辦法的，不要放棄」，這樣的回應會有效嗎？

◆如果對方只是需要發洩情緒，而你急著解決問題，會發生什麼狀況？

總結：這三道練習題如何幫助你成長？

這三個練習讓你在不同的情境中學習「**聽懂話語背後的真正需求**」，而不是只聽字面意思。

✓第一題讓你學會拆解「**壓力型對話**」，找出對方真正困擾的地方。

✓第二題幫助你在**親密關係**中，避免直接否定對方感受，而是**找到真正的期待**。

✓第三題教你在職場中，不急著安慰或解決，而是**引導對方找出真正的挑戰點**。

當你學會深層聆聽，無論是在職場、事業夥伴關係，還是親密關係中，你的影響力將會倍增，因為對方會真正感受到：「你不是只聽見，而是聽懂了。」

從今天開始，試著運用這些技巧，讓你的聆聽能力提升到一個新的境界！

工具②：「聆聽層級法」——分辨對方說話的層次，找到真正的需求

【核心概念】

很多人以為「聆聽」就是聽對方說的話，但真正高效的聆聽，是分辨對方說話的層次，進而找到深層需求。

溝通不順暢的原因，往往是因為我們只聽到了表面的字詞，卻沒有聽懂背後真正的需求與情緒。

聆聽層級法（The Listening Levels Method），就是幫助我們辨識說話的不同層次，避免停留在表面，而是深入到「對方真正的訴求」。這樣才能讓我們的溝通更有影響力，真正聽得懂對方。

【如何使用】

「聆聽層級法」將對話分為四個層級，每個層級對應著不同的理解深度。

我們的目標，就是讓自己從「表層聆聽」（只聽到字面意思）進階到「核心聆聽」（找到對方真正的需求）。

層級1：字面聆聽（Surface Listening）

內容：只聽到對方說的話，沒有進一步思考他的需求或情緒。

典型反應：

◆ 客戶：「這個產品太貴了！」

錯誤回應：「如果你嫌貴，可以看看其他方案。」（忽略了客戶的真正擔憂）

◆ 伴侶：「你根本不關心我！」

錯誤回應：「哪有？我昨天不是還幫你拿東西嗎？」（停留在字面意思）

這是最基礎的聆聽方式，但它經常導致誤解，因為我們沒有去探索對方的真實情緒或需求。

層級2：情緒聆聽（Emotional Listening）

內容：注意對方的語氣、情緒，理解他話語背後的感受。

典型反應：

◆客戶：「這個產品太貴了！」

較好的回應：「聽起來，你對價格有些擔心，能不能告訴我，你最重視的功能是什麼？」（試圖理解對方的顧慮）

◆伴侶：「你根本不關心我！」

較好的回應：「我聽起來你好像覺得我最近忽略了你，能不能告訴我哪個部分讓你有這種感覺？」（開始探索對方的感受）

當我們開始用情緒聆聽，我們會發現很多話語的真正含義，與表面上說的完全不同。

層級3：需求聆聽（Need-Based Listening）

內容：不只聽對方的情緒，而是深入去發掘他的「真正需求」。

典型反應：

◆客戶：「這個產品太貴了！」

更好的回應：「你覺得這個產品的價格不符合你的預算，還是你希望它能帶來更高的價值？」（幫助對方更明確自己的需求）

◆伴侶：「你根本不關心我！」

更好的回應：「你是希望我多花時間陪你，還是想要更多言語上的關心呢？」（讓對方說出他的需求）

這時候，我們已經不是在單純「回應對方」，而是引導他更明確地表達自己真正的想法。

層級 4：核心聆聽（Core Listening）

內容：找到對方所有話語背後的「核心需求」，讓他自己意識到真正的問題點。

典型反應：

◆ 客戶：「這個產品太貴了！」

最佳回應：「其實，你希望找到的是物超所值的解決方案，對嗎？」（幫助對方釐清他的真正關鍵點）

◆ 伴侶：「你根本不關心我！」

最佳回應：「你希望我能更有意識地關心你，讓你感受到我是把你放在心上的，對嗎？」（讓對方自己覺察他的真正需求）

這是最高層級的聆聽，它的關鍵在於讓對方自己意識到問題的本質，而不是我們替對方下結論。

【使用時機】

1. 當對方說的話讓你感到疑惑，不確定他的真正想法時。
2. 當對方的情緒很強烈，但你不確定他的需求是什麼時。
3. 當你想要讓對方感受到「被理解」，進而建立更深的信任時。

【實際使用情境舉例】

職場對話

老闆：「這次的報告寫得不夠深入！」

錯誤回應（字面聆聽）：「可是我已經寫了很多數據了！」

較好回應（情緒聆聽）：「老闆，聽起來您希望報告能夠更具體，能不能請您再說明一下哪個部分可以再深入？」

更好回應（需求聆聽）：「老闆，您的意思是希望這份報告能夠提供更多實際的建議，而不只是數據分析嗎？」

最佳回應（核心聆聽）：「老闆，我理解了，您希望這份報告能讓決策變得更簡單，而不只是呈現資訊，對嗎？」

當你達到「核心聆聽」的層次時，對方會覺得你完全理解了他的需求，而不是只是在表面上回應。

【關鍵技巧】

關鍵技巧1：讓對方多說，而不是急著給答案

◆在對話中，多用「開放式問題」，引導對方說出更多資訊，而不是直接回應他的話語。

◆錯誤：「這件事很難做。」

◆更好：「你覺得哪個部分最有挑戰性？」

關鍵技巧2：學會用「反問」來確認

◆「你的意思是……對嗎？」

◆「這樣說，你希望達到的目標是……」

關鍵技巧3：透過「總結式回應」幫助對方釐清

◆當對方說了一堆話時，你可以用「總結式回應」來幫助對方釐清自己的想法。例如：「所以你的重點是，這次的報告不只是要有數據，還要提供可行的方案，對嗎？」

【練習題】

工具2：「聆聽層級法」——分辨對方說話的層次，找到真正的需求

這些練習題將幫助你學會如何從「表層聆聽」進階到「核心聆聽」，讓你的對話更具影響力，真正理解對方的需求，而不是停留在表面。

練習題1：如何避免停留在字面聆聽，進一步挖掘對方的需求？

題目：

你的客戶說：「這個課程價格太高了，我考慮看看。」

如果你只停留在字面聆聽，你可能會怎麼回應？

如果你想深入到情緒聆聽，你的回應會是什麼？

如果你希望進一步到需求聆聽，你會怎麼問問題？

最後，當你達到核心聆聽，你會怎麼讓對方自己意識到真正的需求？

作答步驟（請寫下你的回答）

1. **字面聆聽（表面意思）**：你的第一反應可能是什麼？
2. **情緒聆聽（對方的感受）**：這句話背後可能隱藏著什麼樣的情緒？他是在猶豫？還是擔心效果？

3. 需求聆聽（對方的真正需求）：你會用什麼開放式問題，幫助對方說出他的真正考量？（例如：「你是擔心價格，還是擔心課程的效果？」）

4. 核心聆聽（對方的核心訴求）：你如何讓對方意識到「他真正關心的不是價格，而是這個課程是否能解決他的問題」？

進階思考

◆你的第一反應是否是「如果太貴，可以看看其他方案」？這樣的回應是否真正解決了客戶的疑慮？

◆如果你能深入對話，讓客戶說出他的擔心（例如「其實我只是擔心我能不能學得好」），那麼你是否就能提供更適合的解決方案？

練習題2：當對方帶有情緒時，你如何引導他說出真正的需求？

題目：

你的事業夥伴對你說：「我覺得我們團隊越來越沒效率了，每次開會都在浪費時間！」

如果你只是字面聆聽，你可能會覺得他只是在抱怨，於是你的回應可能會是：「沒辦法，會議總是需要時間的。」

但如果你想用**聆聽層級法**，你該如何進一步理解他？

作答步驟（請寫下你的回答）

1. **字面聆聽（表面意思）**：你覺得這句話的字面意思是什麼？
2. **情緒聆聽（對方的感受）**：他說這句話時，可能帶有什麼樣的情緒？是焦慮、無奈、還是生氣？
3. **需求聆聽（對方的真正需求）**：他真正想解決的是什麼？（例如：「你覺得哪一部分的會議讓你覺得最沒效率？」）
4. **核心聆聽（對方的核心訴求）**：你如何幫助他意識到，問題的本質可能不是「開會」，而是「如何更高效地分配時間」？

進階思考

- 如果你的第一反應是：「開會總是這樣的，沒辦法」，那麼這場對話可能就停滯了。
- 但如果你能引導對方說出：「其實我只是希望會議更聚焦，別浪費太多時間」，那麼這時候，你們就能真正討論解決方案，而不是停留在抱怨。

練習題3：當對方說「負面話語」時，如何透過核心聆聽找到真正的問題？

題目：

你的另一半對你說：「你最近好像根本不在乎我了！」

如果你只停留在字面聆聽，你可能會立刻反駁：「哪有？我不是每天都有傳訊息給你嗎？」

但這樣的回應，通常會讓對方更生氣，因為你沒有真正理解他的感受。

請運用「聆聽層級法」，一步步拆解這句話的背後含義。

作答步驟（請寫下你的回答）

1. **字面聆聽（表面意思）**：你的第一直覺可能會是什麼？你是否會立刻反駁？
2. **情緒聆聽（對方的感受）**：他說這句話時，可能帶有什麼樣的情緒？他是失落、憤怒，還是希望被關心？
3. **需求聆聽（對方的真正需求）**：他真正想要的可能是什麼？（例如：「你是希望我們有更多時間相處，還是希望我更主動關心你？」）
4. **核心聆聽（對方的核心訴求）**：你如何讓對方自己意識到，他的需求其實不是「指責你不關心」，而是「希望你主動表達愛與在乎」？

進階思考

◆如果你的第一反應是「我有關心你啊！」，這是否能讓對方覺得被理解？

◆如果你能讓對方說出「其實我只是希望你下班後能主動打給我，而不是我總是主動找你」，那麼這場對話是否就會變得更順暢？

總結：這三道練習題如何幫助你成長？

這三個練習幫助你學會如何運用聆聽層級法，避免停留在字面意思，而是深入找到對方真正的需求。

✓第一題讓你在銷售或業務對話中，學會如何處理「價格問題」，找到客戶真正的顧慮點。

✓第二題幫助你在職場管理中，理解夥伴的真正擔憂，避免讓對話淪為抱怨。

✓第三題讓你在親密關係中，學會如何真正「聽懂」對方，而不是急著反駁。

當你能夠真正「聽懂」，不僅能提升你的溝通影響力，還能讓你的關係更加緊密，因為對方會真正感受到：「你不是在敷衍，而是真的懂我。」

試著在生活中應用這些技巧，你會發現，每一次對話，都能變得更加深入與有價值！

工具③：「回音式聆聽」——用對方的語言，讓他感覺被理解

【核心概念】

當我們在溝通時，最常遇到的問題之一是：對方是否真的覺得「被理解」？

很多人以為，只要我們聽到對方的話，並且給予回應，就代表我們在聆聽。但事實上，真正讓人感受到被理解的關鍵，是我們的回應方式——我們的語言是否與對方的語言對齊？

「回音式聆聽」（Echo Listening）就是這樣一種技巧。它的關鍵，在於「用對方的語言」來回應對方的話，而不是直接用我們自己的方式來解釋。

當你學會這個方法，你的溝通將變得更加順暢，對方會更容易接受你的意見，因為他感覺你真的懂他！

【如何使用】

「回音式聆聽」有三個核心步驟：

1. 抓住關鍵字：傾聽對方話語中的關鍵詞，特別是他反覆提及的詞彙。
2. 用相同的詞彙回應：不重新詮釋對方的話，而是用他的語言來回應。
3. 適度補充引導：透過小小的延伸，引導對方更深入地表達他的需求與想法。

這種聆聽方式，能讓對方更容易放下防備，因為你不是在「改寫」他的意思，而是在「放大」他的想法。

【使用時機】

- ◆當對方情緒強烈時（例如抱怨、焦慮、困惑），可以讓他更快冷靜。
- ◆當你想讓對方覺得被理解時，增強信任感，讓對話更順暢。
- ◆當你想讓對方更清楚自己的想法時，幫助他釐清問題，找到解決方案。

【實際使用情境舉例】

職場溝通

同事A：「我覺得這個專案的時間太趕了，我們根本來不及！」

錯誤回應（直接解釋）：「不會啊，其實如果我們好好規畫，還是可以做完的。」

（這會讓對方覺得你沒有理解他的壓力）

回音式聆聽（對齊語言）：

「你覺得這個專案時間太趕，讓你壓力很大，對嗎？」

「如果我們能找到方式調整時間或減少工作量，會不會讓你覺得比較可行？」

伴侶關係

伴侶：「你根本不關心我，每天都在忙工作！」

錯誤回應（辯解）：「哪有？我明明有關心你，只是最近比較忙！」（這樣只會讓對方覺得你在否定他的感受）

回音式聆聽（對齊語言）：

「你覺得我最近比較忙，讓你感覺不到被關心，是這樣嗎？」

「如果我可以多花一些時間陪你，你會覺得比較好嗎？」

這樣的回應方式，讓對方感受到你真的理解他的情緒與需求，而不是急著解釋或辯駁。

【關鍵技巧】

關鍵技巧1：抓住對方的關鍵詞

◆ 如果對方重複說「壓力很大」，你就用「壓力很大」回應，而不是換成「你覺得很焦慮」。

◆ 如果對方說「不公平」，你就用「不公平」回應，而不是換成「你覺得不被尊重」。

關鍵技巧2：不要急著加自己的想法

- 「你剛剛說這樣讓你覺得很累，是因為你覺得時間不夠用嗎？」
- 避免說：「你這樣想是不對的，應該換個角度看。」

關鍵技巧3：用「如果……會不會比較好？」來引導

- 「如果我們能調整一下進度，會不會讓你覺得比較輕鬆？」
- 「如果我每天花十分鐘陪你聊聊，這樣你會不會感覺比較好？」

這樣的問句，能讓對話變得更具建設性，而不是陷入對抗。

【練習題】

工具3：「回音式聆聽」——用對方的語言，讓他感覺被理解

這些練習題將幫助你學會如何使用「回音式聆聽」，讓你的對話更有影響力，讓對方感受到被理解，而不是被糾正或忽略。

練習題1：如何讓焦慮的對方感覺被理解？

題目：

你的事業夥伴在會議中情緒激動地說：「我們的業績一直沒有起色，感覺再這樣下去，公司會撐不下去了！」

請使用回音式聆聽，一步步釐清這句話的背後含義。

作答步驟（請寫下你的回答）

1. 抓住關鍵字：請寫出你認為這句話中最重要的關鍵詞（例如：「業績沒有起色」、「撐不下去」）。
2. 用相同的詞彙回應：寫出你的第一句回應，確保你使用了對方的語言，而不是你的詮釋。
3. 適度補充引導：寫出一個問題，幫助對方進一步表達他的擔憂，讓他自己釐清問題。

進階思考

- ◆你的第一反應是否是直接提供解決方案？如果是，試著改變方式，先用對方的語言回應，讓他感覺你真的懂他的壓力。
- ◆當你回應後，對方的情緒是否有機會被安撫，而不是被激怒或更焦慮？

練習題2：當對方抱怨時，你如何避免引發衝突？

題目：

你的客戶抱怨：「你們這次的服務真的讓我很失望，我覺得沒有達到我的期待！」一般人可能會立刻解釋：「我們的標準流程就是這樣，可能是你的期望比較高。」這樣的回應，會讓客戶覺得你在推卸責任，而不是試圖理解他。

請練習使用**回音式聆聽**試試看。

作答步驟（請寫下你的回答）

1. **抓住關鍵字：**客戶的話中，哪幾個詞語是他最在意的？（例如：「讓我很失望」、「沒有達到期待」）
2. **用相同的詞彙回應：**寫出你的回應，確保你使用了客戶的詞彙，而不是直接為自己辯護。
3. **適度補充引導：**寫出一個開放式問題，讓客戶進一步描述他的需求，而不是陷入情緒爭論。

進階思考

◆ 你是否習慣用「這不是我們的問題」來回應客戶？

◆ 如果你改用「回音式聆聽」，對方會不會更容易冷靜下來，願意與你一起找到解決方案？

練習題3：如何在親密關係中避免誤解？

題目：

你的伴侶對你說：「你總是覺得工作比我重要，我已經快受不了了！」

如果你直接回應：「我哪有？我明明很關心你！」，這可能會讓對方更生氣，因為這代表你沒有真正聆聽他的感受。

請使用回音式聆聽，按照以下步驟回答。

作答步驟（請寫下你的回答）

1. **抓住關鍵字：**對方話語中，哪些詞語是他的情緒重點？（例如：「總是」、「工作比我重要」、「快受不了了」）
2. **用相同的詞彙回應：**請寫出你的第一句回應，確保你沒有改變對方的語意，而是用他的語言回應。
3. **適度補充引導：**請寫出一個問題，引導對方進一步說出他真正的需求，而不是讓對話變成爭吵。

進階思考

◆你是否習慣直接辯解，試圖讓對方「理解你的立場」？

◆如果你先讓對方感受到被理解，然後再討論解決方案，是否更容易讓對方冷靜下來？

總結：這三道練習題如何幫助你成長？

✓第一題讓你在團隊合作中，學會如何用回音式聆聽，降低焦慮，讓對話更有建設性。

✓第二題讓你在客戶服務中，學會如何讓客戶感受到被理解，降低對立，提高合作可能性。

✓第三題讓你在親密關係中，學會如何避免誤解與爭吵，讓關係更緊密。

當你開始使用「回音式聆聽」，你會發現，許多過去「卡住」的對話，其實都可以變得更流暢、更有效，因為對方終於感覺到：「你真的懂我！」

工具④：「語境解析法」——用對語境，讓話語真正被理解

【核心概念】

我們在溝通時，常常會遇到這樣的情況：

- ◆你說了一句話，對方卻曲解了你的意思，甚至生氣了。
- ◆你覺得自己的建議是善意的，但對方卻覺得你在批評他。
- ◆你明明沒有惡意，但對方的反應卻像是被冒犯了

這些問題往往不是因為話說錯了，而是語境（Context）錯了。

同一句話，在不同的語境下，可能產生截然不同的效果。例如：

- ◆「你這次的表現不錯哦！」
- ◆在輕鬆的場合，這是稱讚。
- ◆在嚴肅的場合，可能會讓人覺得話中有諷刺的意味。
- ◆「這個方法你有沒有想過？」
- ◆在討論會議上，這可能是一種建議。
- ◆在被上級質問時，這可能是一種指責。

「語境解析法」就是幫助我們判斷說話時的正確語境，並根據語境調整語氣、詞彙，讓話語真正被理解，避免誤解與衝突。

【如何使用】

「語境解析法」的關鍵在於「讀懂語境→配合語境→用對語氣」，這三個步驟能讓我們在不同的情境下，都能夠讓話語被正確接收。

步驟1：讀懂語境

在開口前，先判斷這個場合屬於哪種類型：

1. 高壓語境（對方情緒高度緊繃，容易防禦）
   - ◆例如：有人剛犯錯、被批評、遭遇挫折、感到不被理解。
   - ◆策略：溫和、鼓勵、避免直接指責。
2. 競爭語境（對方處於競爭狀態，對話可能帶有較強攻防）
   - ◆例如：職場競爭、談判、學術辯論。
   - ◆策略：強調事實、避免人身攻擊、用數據說話。
3. 信任語境（對方信任你，對話開放、沒有防禦）
   - ◆例如：親密關係、深交朋友、長期合作夥伴。
   - ◆策略：直接表達、真誠溝通、不過度包裝。

4. 探索語境（雙方都在嘗試了解對方，沒有絕對答案）

- 例如：頭腦風暴、創新會議、新認識的夥伴。
- 策略：多問開放式問題、引導對方表達、鼓勵探索想法。

步驟2：配合語境

一旦判斷好語境，就要調整自己的語言方式，確保對方能夠正確接收訊息。

語境	可能的錯誤語言	更好的表達方式
高壓語境	「你怎麼又搞砸了？」	「我知道這次有點難，有沒有什麼地方需要幫忙？」
競爭語境	「這樣做明顯不對吧？」	「你的觀點有道理，但我們也可以考慮另一種做法？」
信任語境	「我覺得你應該…」	「我希望你可以試試看，因為我真的很在乎你。」
探索語境	「這樣一定是錯的！」	「這個角度很有趣，我們可以再深入討論一下嗎？」

不同的語境，需要不同的話語方式。當我們能夠靈活切換語言模式，我們的話語才能真正被對方接收。

步驟3：用對語氣

除了語言內容，語氣（Tone）也是影響溝通結果的關鍵。語氣的選擇，決定了對方是否願意聽你說話。

這裡有三種語氣模式：

1. 低調語氣（Soft Tone）

- 適合在對方情緒不穩、需要安慰或高壓語境時使用。
- 例如：「我能理解你的難處，我們一起想辦法吧。」

2. 中性語氣（Neutral Tone）

- 適合一般對話、會議或建議時使用。
- 例如：「這是一種選擇，另一種可能是這樣，你覺得呢？」

3. 強勢語氣（Assertive Tone）

- 適合在需要表達立場或強調原則時使用。
- 例如：「我們這樣做，是因為這樣對大家最有利。」

當我們在不同的語境下，調整語氣，對方會更容易接受我們的話，而不會誤解或產生防禦。

【使用時機】

「語境解析法」適用於以下情境：

1. 當你發現對方誤解了你的話，或反應比預期更激烈時。
2. 當你需要與不同個性、不同關係層級的人溝通時（主管、同事、家人、客戶）。
3. 當你想提升說話的影響力，讓人更願意聽你說話時。

【實際使用情境舉例】

案例1：職場溝通

✕錯誤做法▶（競爭語境→用了低調語氣）

A：「這個報告怎麼跟要求的不一樣？」

B：「我已經盡力了……但你還是不滿意嗎？」（顯得被動且無助）

〇正確做法▶（競爭語境→用了中性語氣）

A：「這份報告的方向跟我們的預期稍有不同，能不能一起討論一下該如何調整？」

B：「當然，我們來看看哪裡需要修正。」（不帶情緒，讓討論更順暢）

案例2：親密關係

✕錯誤做法▶（高壓語境→用了強勢語氣）

伴侶：「你最近是不是都沒在關心我？」

你：「你怎麼可以這樣說？我不是每天都傳訊息嗎！」（讓對方覺得你在防禦）

〇正確做法▶（高壓語境→用了低調語氣）

伴侶：「你最近是不是都沒在關心我？」

你：「我很在乎你的感受，我是不是有哪裡沒注意到？」（讓對方更願意表達需求）

【關鍵技巧】

關鍵技巧1：說話前，先判斷對方的情緒狀態。

關鍵技巧2：根據語境，選擇適合的語言模式（鼓勵、建議、指導）。

關鍵技巧3：調整語氣，避免讓對方產生防禦心理。

【練習題】

工具4：「語境解析法」——用對語境，讓話語真正被理解

這些練習題將幫助你學會如何正確判斷語境，並根據語境調整你的語氣與措辭，讓你的話語真正被理解，而不是引發誤解或防禦。

練習題1：調整語氣，讓對話更順暢

題目：

你是一名團隊主管，正在與一名新進同事討論他的工作進度。

這位同事低著頭，語氣略顯緊張地說：「這個專案我真的盡力了，可是我還是覺得做得不夠好……」

你意識到這是一個高壓語境，對方可能正處於低自信或壓力狀態。

請根據語境解析法，練習合適的回應方式

✕錯誤做法▼（強勢語氣）：「如果你覺得做不來，就應該早點跟我說，現在才講有點晚了。」（這可能讓對方更緊張，甚至影響他的工作表現。）

○正確做法▼（低調語氣）：「我知道你很努力，這個專案確實有挑戰，你最擔心的是哪個部分？」（這能讓對方感覺被支持，並願意進一步討論解決方案。）

問題：

請根據這個情境，寫出你自己的一段回應，確保你的語氣符合「低調語境」的處理方式。

練習題2：如何讓建議不被誤解為批評？

題目：

你的事業夥伴剛完成了一場產品介紹會，他問你：「你覺得我剛剛講得怎麼樣？」他的語氣帶著些許期待，你知道他希望得到肯定，但你確實覺得有一些地方可以改善。

這是一個**信任語境**，你可以給予直接的回饋，但需要選擇合適的方式，避免讓對方感覺自己被批評。

請根據語境解析法，練習合適的回應方式

✕錯誤做法▶（競爭語境，過於直接）：「你的開場白有點無聊，後面重點也不夠清楚。」（這可能會讓對方覺得你在否定他的努力。）

〇正確做法▶（信任語境，溫和引導）：「你的內容很有價值，特別是當你講到案例時，大家的反應很好。如果開場時能再簡潔一點，可能會讓聽眾更快進入重點。」（這樣既給了肯定，也讓對方更願意接受改善建議。）

問題：請根據這個情境，寫出你的回應，確保你的語氣符合「信任語境」，既能給予實質幫助，又不會讓對方產生防備心。

練習題3：避免讓對方誤以為你在挑戰他的觀點

題目：

你正在與客戶開會，客戶正在分享他對市場趨勢的看法，他語氣堅定地說：「這個市場已經飽和了，現在做這個行業根本沒有機會了！」

你不完全同意他的看法，但你不想讓對話變成爭論。

這是一個**競爭語境**，你需要用**中性語氣**來回應，以避免對方覺得你在反駁他，而是讓他願意進一步討論你的觀點。

請根據語境解析法，練習合適的回應方式

✕錯誤做法▶（強勢語氣）：「不對，你的數據有問題，這個行業還是有機會的！」

（這可能會讓對方覺得你在挑戰他的專業，進而產生防禦心理。）

○正確做法▶（中性語氣）：「這確實是一種觀點，我最近也看到一些數據顯示市場競爭很激烈。不過，也有一些品牌正在找到新的機會，你覺得影響市場最大的因素是什麼？」（這樣的回應能夠讓對方感覺他的觀點被尊重，進而願意討論新的可能性。）

問題：請根據這個情境，寫出你的回應，確保你的語氣符合「競爭語境」，讓對話更具建設性，而不是變成爭論。

總結：這三道練習題如何幫助你提升溝通能力？

✓第一題幫助你學會如何在「低調語境」下，用溫和的方式安撫對方，讓對話更順暢。

✓第二題幫助你在「信任語境」下，學會如何給予建設性回饋，而不會讓對方感覺被批評。

✓第三題幫助你在「競爭語境」下，學會如何巧妙回應不同意見，避免讓對話變成衝突。

當你開始運用「語境解析法」，你會發現，過去許多「難溝通」的情境，其實都可以用簡單的調整來化解。說話方式不只是內容，更重要的是「怎麼說」，當你學會掌握語境，你的話語將真正被理解，你的影響力也將大幅提升！

工具⑤：「沉默的力量」——用安靜打開對話的空間，讓對方願意多說

【核心概念】

我們總以為溝通就是「說話」，但真正有效的對話，往往來自於適時的沉默。

當我們給對方足夠的空間去思考、組織語言，他們反而更願意打開心扉，說出真正的

想法。

很多時候，人們會在「沉默」的片刻裡，思考自己真正想說的話。而如果我們習慣用話語填滿對話的空隙，反而會讓對方無法整理自己的思緒，甚至會讓對方覺得壓力太大，不願意表達。

「沉默的力量」，並不是什麼都不說，而是在適當的時候，停頓、給對方空間，讓他們自己說出內心真正的話語。這種技巧特別適用於當對方猶豫不決、不願意開口、或者情緒低落時。

【如何使用】

使用「沉默的力量」，關鍵在於：

1. 學會「耐住寂靜」，不要急著填滿對話。
2. 運用「深思停頓」，讓對方有時間思考。
3. 搭配「肢體語言」，讓沉默變得有溫度。
4. 適時用簡短的回應引導對話繼續。

步驟1：學會「耐住寂靜」，不要急著填滿對話

有時候，我們在對話中，會因為害怕冷場，而急著接話，結果反而讓對方沒有機會真正表達自己的想法。例如：

✕錯誤方式▼

A：「你覺得這個提案怎麼樣？」

B：（沉思）

A：（受不了沉默）：「是不是覺得不太好？沒關係，你可以直說！」

這樣的回應，讓對方來不及整理想法，就被迫接受你的引導，甚至可能違心附和你的意見。

○正確做法▼

A：「你覺得這個提案怎麼樣？」

B：（沉思）

A：（微笑、點頭，靜靜等待）

B：「嗯，我剛剛在想……也許可以這樣調整會更好。」

當你給對方足夠的思考空間，他們往往會說出更真實、更有價值的內容。

步驟2：運用「深思停頓」，讓對方有時間思考

在對話中，我們可以刻意「停頓三秒」，來讓對方意識到，他有更多的空間來思考與

回應。例如：

- 伴侶說：「你覺得我們的關係怎麼樣？」
- 你原本的回應可能是：「挺好的啊！」（直接回答，沒讓對方有機會深入表達）
- 運用「深思停頓」的回應：
- （微笑，先停頓三秒）
- 「我很好奇，你這麼問的時候，是不是有什麼特別的想法呢？」
- 這樣的回應，讓對方願意繼續分享，讓對話更深入。

步驟3：搭配「肢體語言」，讓沉默變得有溫度

沉默並不代表冷漠，適當的肢體語言可以讓沉默變得更溫暖、更具支持性：

- 點頭：表示你在專注聆聽。
- 微笑：讓對方感覺到你的接受與鼓勵。
- 輕輕皺眉：表達你正在認真思考對方的話。
- 傾身前傾：顯示你對對話的興趣。

這些非語言的訊號，能讓對方知道，你的沉默不是冷漠，而是期待與尊重。

步驟4：適時用簡短的回應引導對話繼續

當對方停頓時，我們可以用簡單的回應來鼓勵他們繼續說：

- 「我懂……你可以再多說一點嗎？」
- 「嗯……然後呢？」
- 「我很好奇，你這樣說是什麼意思？」
- 「這個點子很有趣，你能不能再多解釋一下？」
- 這些短句不會打斷對方的思考，反而能讓對話更流暢。

【使用時機】

「沉默的力量」適用於：

1. 當對方猶豫不決時（給他們空間思考）。
2. 當對方情緒激動時（讓對方冷靜整理情緒）。
3. 當你希望對話更深入時（讓對方自己說出更多的資訊）。

【關鍵技巧】

關鍵技巧1：學會耐住沉默，不急著填滿對話。

關鍵技巧2：使用「深思停頓」給對方思考空間。

關鍵技巧3：搭配肢體語言，讓沉默變得有溫度。

關鍵技巧4：適時用簡短的回應，鼓勵對方繼續表達。

【練習題】

工具5：「沉默的力量」——用安靜打開對話的空間，讓對方願意多說

這些練習題將幫助你學會如何善用「沉默」，不僅能讓對話變得更深入，還能讓對方感受到你的尊重與理解。

練習題1：當對方猶豫不決時，你該如何使用「沉默的力量」？

題目：你是公司的專案負責人，正在與一名同事討論他負責的部分。當你問：「你對這個方案有什麼想法嗎？」時，對方明顯猶豫，沒有立刻回答，而是低頭看著文件，似乎在思考。

此時，你該如何正確運用「沉默的力量」，讓對方願意說出他的真正想法？請從以下選項中選擇最佳回應，並解釋你的選擇。

選項A（急著填補沉默）：

「你是不是覺得這方案不夠好？如果有問題的話，沒關係，可以直接說！」（這樣的回應可能會讓對方感覺你在施壓，反而更難開口。

選項B（過度猜測）：

「你是不是不確定這方案適不適合？還是你覺得我們應該改變方向？」（過早推測可能會讓對方感到壓力，甚至影響他的真正想法。）

選項C（耐心等待＋肢體語言支持）：

（保持微笑，輕輕點頭，給予溫暖的眼神接觸，靜靜等待對方說話。）如果對方仍然沒有開口，你可以簡單補充：「沒關係，你可以慢慢說，我很想聽聽你的想法。」（這樣的回應讓對方感覺到尊重與空間，會更願意表達自己的看法。）

練習題2：如何運用「深思停頓」，讓對方更深入表達？

題目：你和你的事業夥伴正在討論一個新的市場策略，他突然問你：「你覺得我們應該先主打年輕族群，還是先做高端市場？」

你原本的直覺反應可能是直接給出答案，但這樣的做法可能會壓縮對方進一步思考的空間。

請運用「深思停頓」，寫下你的最佳回應，確保對話能夠進一步深入，而不是淪為單方面的決策。

提示：

◆先停頓三秒，不要急著回答。

◆觀察對方的表情與肢體語言，確認他是否有進一步的想法。

◆用「開放式問題」來引導，而不是直接下結論，例如：「你怎麼看？你認為哪個市場對我們目前的資源更有優勢？」

請寫下你的回應：

（你的答案應該運用深思停頓，並讓對話更有建設性。）

練習題3：如何用沉默讓對方願意釋放情緒？

題目：你的朋友最近遇到了一些職場上的挫折，他對你說：「我真的覺得很累，感覺做什麼都不對，主管好像對我很不滿意……」你想安慰他，但你知道，如果立刻說出「你不要想太多啦，主管一定不是針對你！」這類的話，可能會讓對方覺得自己沒有被真正理解，甚至會讓他閉口不談。

請根據「沉默的力量」，選擇最合適的方式來回應，讓朋友願意繼續表達，而不是立刻封閉自己。

選項A（急著提供解決方案）：

「你應該主動去跟主管談談啊，說不定是誤會！」（太快進入解決方案，對方可能還沒準備好接受建議。）

選項B（試圖轉移話題）：

「啊呀，這種事誰沒遇過！不然我們去吃好吃的吧，轉換一下心情？」（可能讓對方覺得他的情緒沒有被重視。）

選項C（沉默＋肢體語言）：

（微微點頭，保持專注的眼神接觸，不急著回應，讓對方有時間繼續說。）

如果對方仍然沉默，你可以輕輕說：「我聽出來你好像真的很在意主管的想法……你能不能跟我說更多？」（這樣的回應能讓對方覺得被理解，願意繼續分享內心的感受。）

問題：請根據這個情境，寫下你的完整回應，確保你的語氣溫暖，並使用沉默來引導對方說出更多內心話。

總結：這三道練習題如何幫助你提升溝通能力？

✓第一題幫助你學會如何「耐住沉默」，避免急著填滿對話，給對方時間整理思緒。

✓第二題幫助你運用「深思停頓」，讓對話更深入，而不是淪為單方面的回答。

✓第三題幫助你用「沉默」來承接對方的情緒，讓對方願意繼續敞開心扉，而不是感覺被忽視或急著被解決問題。

當你開始刻意練習「沉默的力量」，你會發現你的溝通變得更加順暢、自然，並且能讓對方真正感受到你的專注與尊重。學會這個技巧後，你的話語不再只是填補空隙，而是讓對話變得更有深度、連結感與影響力。

3

高能量溝通核心第二步「想得通」——讓你的表達更清晰、更有說服力！

「想得通」的人，擁有不同的力量。

你一定見過這樣的人——無論遇到什麼挑戰，他們總能用冷靜而清晰的方式分析問題，迅速找到核心，讓事情迎刃而解。

3-1

說不清楚，往往是因為想不清楚

你曾經有過這樣的時刻嗎？當你用盡全力想要解釋一件事，卻發現對方根本聽不進去？當你試圖說服別人改變，但換來的卻只是冷漠、敷衍，甚至反抗？當你面對問題時，腦海裡像是有一團糾結的線，怎麼理都理不清，最後只能深深嘆氣？

或許，你會懷疑：「是不是我表達得不夠好？」但其實，真正的問題往往不是「說不好」，而是「**想不通**」。

我們總是習慣去「說服」別人，但如果連自己都沒想清楚，怎麼能期待對方會理解？我們希望別人接受我們的想法，但如果我們的思路本身就是模糊的，對方又怎麼可能信服？

我們希望解決問題，但如果我們只看到表面的困難，而沒有洞察到真正的關鍵，那麼再多努力，也可能只是徒勞。

「想不通」時，會讓我們陷入情緒的泥沼，會讓我們反覆思考同一件事情，卻始終找不到出口，會讓我們的溝通變得不順暢，甚至讓人際關係出現裂痕。但當我們「想得通」，一切都變得不同了。

「想得通」的人，擁有不同的力量

你一定見過這樣的人——無論遇到什麼挑戰，他們總能用冷靜而清晰的方式分析問題，迅速找到核心，讓事情迎刃而解。

當別人情緒激動、爭論不休時，他們卻能用幾句話讓對話回到正軌，甚至讓衝突變成一次深刻的交流。他們的話語總是簡單有力，能夠讓人瞬間理解，甚至產生共鳴，因為他們的思維是透徹的，說出的每一句話都充滿了影響力。

他們並不是天生就擅長溝通，而是因為他們懂得一個關鍵——「**想得通，才能說得透**」。

當我們能夠看清問題的本質，而不是糾結於表象，我們的思考就會變得清晰；當我們能夠理解對方真正的需求，而不是急於回應，我們的話語就會更具力量；當我們能夠調整自己的思維角度，而不是執著於自己的立場，溝通的障礙就會消失。

這樣的人，無論在職場還是生活中，都能成為別人願意信任、合作、願意聆聽的人。

「想得通」，不是一場辯論，而是一場理解的旅程

很多人以為，想得通就是要「想出一個完美的答案」。但其實，真正的「想得通」，不是為了讓自己總是對的，而是為了讓我們更接近真相、更理解彼此、更有能力做出好的選擇。

有時候，真正困住我們的，不是外在的環境，而是我們內在的思維模式。我們習慣用既有的經驗去解讀世界，習慣用過去的標準去判斷事情，習慣在思考時帶著情緒，習慣認為自己「應該要早就想通了」，卻忘了，「想得通」不是一瞬間的事情，而是一種持續練習的能力。

「想得通」，讓你的話語帶來影響力，也讓你的內在更加自由

當你開始學會「想得通」，你會發現：

- 你不再容易因為別人的一句話而動搖自己的情緒，因為你清楚知道自己的立場與價值。
- 你能夠更快速地找到問題的核心，而不是被表面的困難困住。
- 你能夠更順暢地表達自己的想法，因為你的思維變得更有條理。

- 你開始感受到溝通的樂趣，而不是視它為一場壓力，因為你能夠真正理解對方，而不是只是想贏得對話。
- 你會發現，無論是職場還是生活，當你的思維變得更清晰，別人也更願意聽你說話，因為你的話語開始充滿力量。

想得通的人，擁有真正的影響力。

因為他們的話語，能夠帶來改變，能夠讓人感受到力量，能夠讓彼此更靠近。

「想得通」，讓你的話語成為力量，讓你的內在變得強大，讓你的人生更加從容而自由。

接下來，我們將一起探索「想得通」的關鍵，讓你的思維變得更清晰，讓你的話語更具影響力，讓你在每一次溝通中，都能夠真正做到：「不糾結、不卡頓、不被情緒綁架，而是說出真正有力量的話。」

說不清楚，往往是因為想不清楚

某個午後，雅婷氣憤地坐在我面前，滿臉委屈，語氣裡帶著壓抑的憤怒。

「我婆婆完全誤會我了！」她激動地說，「她說的那些話根本不是事實，我沒有做那些事情，但她卻當著大家的面數落我……」

我靜靜地聽著她訴說這一切，感受到她內心的糾結與無奈。

「那當下你怎麼回應的？」我問。

雅婷低下頭，語氣變得悶悶的：「我什麼都沒說，只是靜靜地聽著……我怕如果當場解釋，反而讓她更不高興，或讓人覺得我在辯解。」

她嘆了口氣：「可是事後想想，為什麼我不說清楚？明明不是我的錯，為什麼只能選擇忍受？」

她的聲音裡帶著自責，也帶著深深的不甘。

「可是，如果解釋了，會不會讓事情變得更糟？」她喃喃自語，「如果說得太多，婆婆會覺得我在反駁她、不尊重她；但如果不說，誤解就會一直存在……到底該怎麼做，才不會讓自己受委屈？」

這是一個極具代表性的溝通困境：**當我們被誤解時，該不該解釋？該怎麼說，才能既表達立場，又不激化衝突？**

案例分析　被誤解時的「進退兩難」

雅婷的困境，其實我們每個人都曾遇過——**在關鍵時刻，話要不要說？該怎麼說？要解釋到什麼程度？**

這種進退兩難，通常來自於以下三個心理糾結：

一、害怕衝突，選擇沉默

有些人天生不喜歡衝突，遇到不公平的指責時，第一反應是「忍一忍就過去了」。他們擔心開口會讓對方更加憤怒，甚至讓場面更難堪，於是選擇不說。但問題是，當我們不說清楚，別人就會以為「我們默認了」，甚至未來還可能繼續用這個誤解來評價我們。

雅婷的沉默，讓婆婆覺得自己說的是「事實」，無形中加深了誤解，而她自己則因為沒有替自己發聲，感到委屈與無力。

二、怕被認為是在「辯解」

許多人擔心「一旦開口解釋，對方就會覺得我們在狡辯」，所以選擇沉默，或者只說幾句就不敢繼續。但其實，「解釋」和「辯解」的關鍵差異在於——你的語氣和表達方式。

如果我們是帶著情緒、不斷強調「我才沒有！」、「你怎麼可以這樣說！」，這樣的回應容易讓對方感受到對抗，從而更加堅持自己的立場。

但如果我們能夠冷靜而溫和地表達自己的立場，而不是陷入爭論的循環，那麼解釋反而能讓對方重新思考自己的判斷。

三、不知道怎麼「有效」地表達

有時候，我們不是不想說，而是不知道該怎麼說。

雅婷內心的焦慮，不是因為她沒有話可說，而是她不知道「該怎麼解釋，才能讓婆婆聽得懂，又不會讓彼此的關係惡化」。

當我們「想不清楚怎麼說時，就容易變得語無倫次，或者越描越黑」。

所以，在我們開口前，最重要的事情，就是「想清楚」——想清楚該聚焦在哪裡，怎麼樣的表達方式才能真正讓對方理解，而不是讓局面變得更糟。

那麼，該怎麼做呢？

實用技巧

破解溝通困境：如何有效解釋，避免衝突又不委屈自己？

❶用「同理心開場」，降低對方的防備心

當對方誤會我們時，如果我們直接反駁：「你錯了，我根本不是這樣！」，對方的防備心會立刻升起，甚至可能變得更強勢。

與其對抗，不如先讓對方放下防備心。舉例來說，雅婷可以這樣開場：

「媽，我知道你這麼說，一定是因為你很在意這件事情，想要確保一切都好，對嗎？」

這樣的話語，先肯定對方的出發點，讓她知道「**你不是要爭辯，而是想好好溝通**」，這樣對方比較不會覺得被挑戰，而是願意聽你接下來的話。

❷用「事實＋感受」來解釋，而不是情緒性反應

當我們被誤會時，最糟糕的做法就是陷入情緒性回應，例如：「我根本沒有這樣！你怎麼可以這樣說我！」

這樣的回應，會讓對方覺得自己被攻擊，結果可能變成雙方的情緒對立，而不是有效

的對話。

比較好的方式是：「我知道你這麼說，一定是因為你很在意這件事。但其實這件事的過程是這樣的……（陳述事實）……當我聽到這樣的話時，我有點難過，因為我其實很努力在做好這件事情……」

「事實＋感受」的方式，能讓對方理解你的立場，而不是覺得你在反駁他。

❸用「詢問式結尾」，讓對話變成雙向溝通

當我們解釋完後，最重要的一步，是**讓對方有機會表達，而不是讓對話變成單方面的說明。**

「媽，你覺得這樣說清楚了嗎？如果還有哪裡不夠清楚，我們可以再討論。」

這樣的詢問，能夠讓對方知道你不是來爭論的，而是誠心希望溝通能更順暢。

真正的溝通，不是爭論，而是讓彼此理解

當我們被誤解時，最痛苦的並不是對方的指責，而是「**我們沒有替自己發聲，最後只能獨自承受委屈**」。但我們也害怕，萬一說了，會不會讓關係變得更糟？

其實，真正的解決方案，不是「沉默」，也不是「激烈爭論」，而是：

1. 降低對方的防備心（先肯定對方的出發點）。
2. 用事實與感受來表達（避免情緒性反應）。
3. 讓對話變成雙向溝通（給對方回應的機會）。

溝通的目的，不是「誰對誰錯」，而是「讓彼此真正理解」。

下次當你遇到誤解時，請記住——與其選擇忍受，不如選擇「有效」地表達，這樣你不會後悔，也能讓對方真正明白你的立場。

哲維溫暖
\\\ 對您說 ///

當你感到委屈時，先讓自己沉澱下來。你不是問題，你只是遇到了問題。帶著這樣的心態，你將能夠保持能量，更有力量去應對眼前的挑戰。

3-2

快速聚焦重點，只需問自己這「三個關鍵問題」

我們每個人都希望擁有良好的溝通能力，讓自己可以和家人、朋友、同事甚至客戶有順暢的對話，避免誤解與衝突。然而，現實生活中，我們卻時常陷入這樣的情境——當對方向我們傾訴時，我們總覺得應該給出建議，卻發現對方其實只想被聆聽。

當我們努力解釋時，對方卻不買單，甚至認為我們在狡辯。當我們想安慰對方時，卻說錯了話，讓場面更加尷尬。

這是因為，我們**太習慣用自己的角度去思考，卻忽略了對方真正的需求與感受**。如果，我們能夠在對話開始前，就先釐清幾個關鍵問題，讓自己的回應更貼近對方的想法，是否能讓溝通變得更加順暢？

就像前面的例子，如果雅婷在當下，能夠先釐清幾個問題，或許她可以更冷靜、更有策略地應對，而不是事後才後悔自己沒說清楚。

那麼，這些關鍵問題是什麼呢？

溝通的「三大關鍵提問」——讓你開口前就有方向

當我們開啟一場對話時，不管對方是誰，我們都可以先在心裡問自己這三個問題：

1.「對方的焦慮是什麼？」

有時候，對方情緒激動、言語帶刺，其實不是真的在針對我們，而是因為內心的焦慮與不安。

舉個例子：你的朋友因為遲到被主管批評，於是對你抱怨：「這個公司真的讓人受不了！」你的另一半工作壓力大，回到家後不耐煩地對你說：「怎麼又是這道菜？」你的客戶突然變得挑剔，一改之前的態度，開始對你的提案找毛病。

這些情境下，對方看似在針對你，但其實他們內心有一個更深層的焦慮——他們可能只是對自己的現狀感到不安。

如果我們沒有釐清對方的焦慮，而是直接回應表面的話語，溝通就很容易變成對立與爭吵。所以，當我們遇到對方語氣不佳時，可以先停一下，想想：

「他現在是不是有什麼壓力？」

「他是不是對某件事感到焦慮？」

當我們願意站在對方的角度思考時，就能避免把對話變成一場無謂的爭論。

2.「對方真正的需要是什麼？」

每個人都有自己的需求，有時對方說的話並不是真正的需求，而是表面的表達方式。

當朋友向你抱怨：「最近工作好累！」，她可能不是要你幫她找新工作，而只是希望你能安慰她、支持她。

當你的伴侶說：「你怎麼最近都沒時間陪我？」他的需要可能不是更多的時間，而是更多的關心。

當你的孩子生氣地說：「你都不懂我！」，他真正的需要可能是希望你能多聽聽他的想法，而不是立刻給建議。

很多時候，對話的誤解，來自於我們沒有抓住對方的真正需求，而是直接給出自己的回應。所以，在回應之前，試著想想：

「他真正的需求是什麼？」

「他希望我做什麼，才能讓他感受到被理解？」

這樣，我們的回應才會真正符合對方的期待，而不是讓對方覺得我們不懂他。

3.「對方希望我為他做什麼？」

這是溝通中最容易出錯的一點——**我們常以為對方希望我們「解決問題」，但其實對**

方只是想被聽見。

當一位太太向先生抱怨：「今天工作真的好煩！」先生的第一反應是：「你要不要換工作？」但她真正想要的，其實只是：「你能不能先聽我說？」

當朋友跟你訴苦：「最近壓力好大，真的快受不了了。」你可能會回應：「那你應該去運動、轉換心情。」但他真正想要的，可能只是：「你能不能陪我聊一聊，讓我發洩一下？」

所以，在給出建議之前，試著先問問對方：「你希望我怎麼幫你？」這樣，我們就不會誤會對方的需求，也能讓彼此的溝通更順暢。

問對問題，才能說對話

與其在對話中不停地猜測對方的想法，不如從一開始，就用這三個關鍵提問來釐清對話的方向：

1. 對方的焦慮是什麼？（了解對方的情緒）

2. 對方真正的需要是什麼？（抓住對方的核心需求）

3. 對方希望我為他做什麼？（避免過度給予建議，真正提供幫助）

當我們在溝通前，先思考這三個問題，我們就能更有策略、更有同理心地回應，而不是在對話結束後，才懊悔「剛剛應該這樣說……」。下次當你要開口之前，先在心中想清楚這三個重要問題，對話就會非常清晰！

哲維溫暖

\\\ 對您說 ///

當你感到手足無措時，不妨拿出這三個問題試著尋找答案。你會發現，自己能迅速看清事情的全貌，並在對話中找到實現雙贏的方法。

3-3

避免「資訊過載」，讓思緒更清晰乾淨

這是一個尋常的週末，一位職業婦女終於能夠抽出時間，帶著她的小女兒去餐廳好好享受一頓美食。對她來說，這是難得的親子時光，可以暫時拋開工作壓力，單純地陪伴孩子，享受母女之間的甜美時光。然而，這頓原本該溫馨愉快的餐點，卻因為一個小小的插曲而變了調。

就在點完餐後不久，小女孩在無意間碰倒了桌上的餐盤，清脆的瓷盤瞬間摔碎在地上，聲音在餐廳裡迴盪開來，所有人的目光都轉向了這一桌。這名母親先是一愣，然後怒火瞬間湧上心頭——她的稀有親子時光，被這場意外破壞了。

「你怎麼這麼不小心！」母親的聲音嚴厲而急躁，目光充滿不悅。

小女孩被母親的憤怒嚇住了，低著頭不敢說話。她不知道自己做錯了什麼，剛剛的歡樂氣氛瞬間被擊碎了，就像地上破掉的餐盤一樣。

這時，店經理過來處理狀況，母親的神情瞬間改變，她從憤怒變成愧疚，開始連聲向經理道歉：「真的不好意思，是我們不小心弄倒的，麻煩你們處理，真的很抱歉！」剛剛還在責罵女兒的母親，現在卻一臉懊悔與歉意，讓小女孩更加困惑。為什麼剛剛對她生氣的媽媽，現在變得如此柔和？難道她剛才真的做錯了這麼大的事？

然而，這一切的情緒變化還沒結束——就在此時，母親的手機響了，螢幕上顯示的是「趙總來電」。她深吸一口氣，像是瞬間調整了情緒，然後用愉悅而專業的聲音接起電話：「趙總，早安！」她的語氣親切、精力充沛，彷彿剛剛的怒氣與歉意從未存在過。

這一幕，讓小女孩更加不知所措。她心裡充滿了疑問：「媽媽到底怎麼了？哪一個才是真正的媽媽？」

案例分析 資訊過載如何影響我們的情緒與溝通？

這個故事，讓我們看到了一個現象：同一個人，在短短幾分鐘內，展現出截然不同的情緒與反應。

這些情緒，都是真的嗎？還是這只是人為適應環境而產生的變化？

其實，這名母親的每一個情緒都是**真實的**，但這些情緒背後，都摻雜了她的經驗、社會期望與外界環境的影響。而我們在溝通時，往往也是這樣——我們接收了太多資訊，卻來不及整理，於是變得反應過快，甚至做出不必要的情緒轉換。

在這樣的情境下，資訊過載會影響我們的溝通方式，使我們無法真正「看清事情的真相」，導致：

一、過度情緒化，影響溝通品質

當母親看到餐盤摔碎時，她的第一個反應是「生氣」，因為她的腦中瞬間湧現了各種雜亂的想法：「這頓飯被破壞了」、「所有人都在看我們」、「為什麼這麼不小心？」這些想法堆積在一起，導致她無法冷靜判斷，轉而用怒氣表達自己的情緒。

二、過度迎合環境，忽略內在真實情緒

面對店經理時，母親突然變得客氣又愧疚，這是因為她的「社會化思維」介入了——在公共場合，她知道應該表現出得體的一面，因此她放下剛剛的憤怒，轉而道歉。然而，這種快速的轉變，讓小女孩無所適從，因為她無法理解為何母親的態度會瞬間變化。

三、無法做出有效的溝通選擇

當趙總來電時，母親瞬間進入「專業模式」，變得積極又高昂，因為她知道自己在工作中應該展現出正面的形象。然而，這樣的快速轉換，反而讓她忽略了眼前的孩子，讓小女孩感到自己像個「局外人」，甚至開始懷疑：「媽媽到底是誰？她真正的情緒在哪裡？」

這正是資訊過載影響溝通的例子——我們的腦中裝了太多未經整理的訊息，導致我們的思緒不清，情緒波動，進而影響我們的表達與理解能力。

那麼，我們該如何避免這樣的溝通困境，讓自己在對話時能夠更有條理、情緒更穩定、思緒更清晰呢？

實用技巧

以下介紹如何避免資訊過載，讓溝通更清晰的三個實用技巧：

❶ 給自己「三秒沉澱」，不要讓情緒主導你的話語

我們在溝通時，經常會因為當下的情緒過於強烈，而說出讓自己後悔的話。這時候，**「三秒沉澱法」**可以幫助我們重新整理思緒。做法如下：

- 在回應之前，先吸一口氣，讓自己稍微停頓三秒鐘，確認自己即將說出的話是否經過思考。
- 內心問自己：「**這句話是為了解決問題，還是只是為了發洩情緒？**」
- 透過這短短的三秒鐘，我們可以從「情緒主導」轉為「理性回應」，讓自己的話更具建設性。

應用場景：當母親看到小女孩摔破餐盤時，她若能先深呼吸，給自己三秒鐘，就不會立即指責孩子，而是可以說：「沒關係，我們一起來看看要怎麼處理。」這樣的回應，會讓孩子感到安全，也避免了一場不必要的衝突。

❷ 切換模式前，先確認自己的「溝通角色」

我們在不同的情境下，會扮演不同的角色，但如果沒有意識到這些角色的轉換，就容

易在溝通中產生混亂。例如：

◆在家中，我們是媽媽，但在工作場合，我們可能是主管。

◆在餐廳，我們是顧客，但在公司，我們是專業人士。

當我們需要在短時間內切換模式時，可以透過「角色確認法」來幫助自己穩定情緒。做法如下：

◆在轉換情境前，快速問自己：「現在的我，應該用什麼樣的語氣和態度？」

◆刻意給自己幾秒鐘的心理準備，而不是立即進入「自動應對模式」。

應用場景：當趙總來電時，母親若能先對孩子說：「媽媽接個重要電話，等一下再和你說話喔。」這樣，孩子就能理解母親的轉換，而不會感到被忽略。

❸ 練習「減法思維」，只聚焦真正重要的資訊

當我們的腦中塞滿了過多資訊時，我們會變得容易焦慮、無法專注，甚至做出錯誤的判斷。因此，我們需要學會過濾資訊，只保留真正有價值的內容。

應用場景：當母親面對孩子的行為時，可以聚焦於「當下最重要的事情」，例如：「如何讓孩子學會負責任？」而不是過度關注「別人的眼光」或「自己的一時情緒」。

讓思緒清晰，讓溝通更有力量

資訊過載時，我們的思緒容易變得混亂，而這樣的混亂，會直接影響我們的溝通方式。當我們學會讓自己「慢下來」、「釐清角色」、「專注重點」，我們的溝通將變得更有條理，我們的關係也會因此變得更和諧。

哲維溫暖
\\\ 對您說 ///

有些人的情緒起伏不定，其實並非故意，而是因為當下內心混亂，又同時要應對緊急的事務。如果我們能多一點理解，包容對方在困境中的不安，關係就能變得更加和諧與穩固。

3-4 「框架思考法」幫助你組織內容，提升思考品質

那一天，我受邀擔任一場重要講座的主持人和分享嘉賓。這場講座的主題是「從善意溝通到一筆入魂」，主講人是我的好朋友宋怡慧老師，我們的目標是透過這場講座，幫助大家理解善意溝通的力量，並推廣閱讀的重要性。

我滿懷期待地來到台中國立公共資訊圖書館，場地設備一流，館方人員也非常親切，觀眾反應熱烈，一切似乎都進行得很順利。

但就在我準備上台演講之前的十分鐘，突發狀況發生了——我的投影片沒有出現在電腦裡！

這時，館方人員趕緊來協助處理，而我發現自己的簡報存放在雲端，需要時間下載並轉存到電腦。這個過程中，我一邊幫忙處理技術問題，一邊緊盯著台上的嘉賓發言，確保主持環節不會因此混亂。

當我還在處理檔案時，台上的嘉賓突然說出了「謝謝大家！」——他準備下台了！

這一刻，我心頭一震，意識到自己必須立刻接話，無縫銜接主持，否則現場可能會出現尷尬的冷場。我迅速放下手中的電腦，拿起麥克風，流暢地做了總結，並自然地介紹了下一位嘉賓，讓整場活動仍然順利進行。

如果你問我，當時是怎麼做到的？答案就是「**框架思考法**」。

案例分析　為什麼框架思考法能幫助你掌控突發狀況？

這場突如其來的「主持危機」，讓我深刻體會到：我們無法預測每一個變數，但如果我們掌握了「框架」，就能在混亂中快速整理思緒，做出正確的應對。

想像一下，當我們沒有準備好內容，卻突然被要求上台發言、在會議中即席回應問題，或是面對突如其來的挑戰時，我們的大腦可能會瞬間空白，然後開始慌亂地搜尋該說什麼。然而，當我們有了「框架思考」，就能夠在腦中有一個穩定的結構，即便內容尚未完全清楚，我們仍然可以利用框架來組織想法，使表達更具條理。

那麼，這次的經驗究竟有哪些值得學習的重點呢？讓我們透過分析來更深入理解。

一、沒有框架的思考，容易導致資訊混亂

在日常生活與工作中，我們經常會面對資訊爆炸的情況，當我們無法有效整理資訊時，往往會產生以下問題：

◆ **思緒發散，無法抓住重點**↓想講的東西太多，但不知道如何組織，導致內容雜亂無章。

◆ **容易卡頓，無法流暢表達**↓因為沒有明確的架構，講到一半可能會突然停頓，或是越講越不知所云。

◆ **無法快速應對突發狀況**↓當我們的思考沒有框架支撐，遇到意外時容易手足無措，缺乏即時反應能力。

在主持的這場活動中，如果我沒有框架思考，當嘉賓突然下台時，我可能會變得慌亂，或者只能隨便說幾句話來填補尷尬的空白。但因為我有一個清晰的主持流程框架，我能夠迅速切換狀態，順利接上發言，讓整場活動仍然維持高水準。

二、「框架」讓你在短時間內整理思緒，迅速應對

框架就像是我們思考的「地圖」，當我們擁有這張地圖，即使突然被拋入一個陌生的情境中，也能夠快速找到方向，知道該如何回應。

在主持的當下，我使用的框架思維包含：

1. 快速總結嘉賓的發言內容

◆「剛剛我們的嘉賓提到了一個很重要的觀點……」

2. 自然銜接到下個環節

◆「接下來，我們要邀請下一位嘉賓，他將會分享……」

3. 保持語氣穩定，讓場面流暢

◆用自信而鎮定的語氣，讓台下觀眾感受到活動的連貫性。

如果沒有框架支撐，我可能會因為驚慌而結巴，或是不知道如何引導觀眾進入下一個環節。

三、應對各種場景，框架比細節更重要

很多人誤以為準備就是「把每個細節記住」，但其實，真正有用的準備是建立框架。

例如：

◆**如果你要準備演講，不需要記住逐字稿，而是記住「開場－核心內容－結論」的結構**，這樣就算中途忘詞，你仍然可以跟著框架順利進行。

◆**如果你要主持一場活動，與其記住每位嘉賓的發言內容，不如記住「介紹－發言－**

總結」的流程，這樣你就能更靈活應變。

框架思維的核心概念，就是**讓我們的腦袋保持「組織有序」，即便遇到突發狀況，也能夠快速重建思緒，做出恰當的回應。**

實用技巧

如何運用框架思考法提升你的溝通能力？以下介紹三種方式：

❶ 金字塔原則（Pyramid Principle）

「先說結論，再補充細節。」這是提升表達效率的最佳方法，尤其適用於：

- 開會時發表意見
- 客戶簡報
- 面試或即席問答

應用方式

- **結論先行：**「今天的活動目標是推廣閱讀，並幫助大家理解善意溝通的重要性。」
- **關鍵論點：**「我們將透過三個方式達成這個目標：一、嘉賓分享；二、現場討論；三、讀者互動。」
- **補充細節：**「首先，宋怡慧老師將帶來她的經驗分享……」

這樣的溝通方式，能讓對方迅速理解你的重點，而不會迷失在細節中。

❷ 三段式表達法（What-Why-How）

這是一種結構化的溝通技巧，讓你在對話時能夠更清晰地表達你的觀點。

應用方式

1. What（**問題是什麼？**）：「這次活動中，我們希望解決一個問題——如何讓閱讀更具影響力？」

2. Why（**為什麼重要？**）：「因為閱讀不只是獲取知識，更是一種溝通的方式，幫助我們理解世界。」

3. How（如何做？）：「透過三個方法——專家分享、讀者互動、書籍推薦，來讓閱讀更貼近生活。」

這樣的表達方式，讓你的思考更加有邏輯，也讓聽眾能夠清楚理解你的觀點。

❸「框架筆記法」

建立屬於自己的框架筆記，可以幫助你在任何時刻快速整理資訊，提升表達能力。

應用方式

- 每天回顧一個事件，並用框架整理它。
- 每次開會前，先列出大致的框架。
- 即興發言時，先在腦中迅速建構框架。

當你養成這種習慣，你的思維將變得更清晰，溝通也會更加流暢。

掌握框架思考，讓你的溝通更有力

框架思考法，讓我們在任何場合都能夠組織內容、提升思考品質，讓溝通變得更高效。

現在就開始練習：

- ◆在對話前，先整理框架。
- ◆在發言時，先說結論，再補充細節。
- ◆在應對突發狀況時，先確保思維有序。

當你掌握這些技巧，你的表達將更加流暢，你的思考也將更加清晰！

哲維溫暖

\\\ 對您說 ///

人生難免會遇到突發狀況，但有了框架的支持，即使面對突如其來的變化，也能從容應對、冷靜處理，讓他人對你更加信任與安心。

3-5 掌握「底層邏輯」思考，精準理解對方的核心需求

有一次，我受邀到台北協助一場非常大型的演講活動，這場活動邀請了五位重量級嘉賓，而我負責的工作是站在門口，驗票並在觀眾手上蓋章，確保入場秩序順利進行。

當天，天氣異常寒冷，還下著雨，來賓們有的因為天候影響遲到了，有的則因為擔心錯過精彩的演講而心情焦躁。面對這樣的狀況，我不只是負責驗票與蓋章的工作，還自然而然地承擔了安撫大家情緒的角色。

「請慢慢來，不用擔心，我們會確保每位來賓都能順利入場！」我用溫和的語氣安撫那些著急的來賓，讓他們能夠放鬆心情，一邊引導大家完成報到流程，一邊確保活動進行順利。

就這樣，整場活動漸入佳境，場內的座位陸續被填滿，氣氛逐漸活絡起來。我心裡也覺得很踏實，直到一位來賓從洗手間回來後，臉色不太對勁。

「你們這個章不防水啊！我只是洗個手，結果章就快沒了！」這位來賓帶著些許不滿

地對我說。

我看了一眼他的手，果然，原本清晰的蓋章已經變得模糊不清，只剩下一點點痕跡。我心想，這確實是個問題，如果其他來賓也遇到類似的情況，可能會產生入場的混亂或誤解。

但此時，我有幾個選擇：

1. 解釋這不是我的錯：「這個章是由另一個夥伴準備的，我事先也不知道它不防水。」
2. 急著說明「章還在」：「其實你手上還有一點痕跡，不會影響入場！」
3. 換個角度，理解他的核心需求。

我選擇了第三種方式，因為這位來賓的重點不是「章本身」，而是「擔心自己會被誤認為沒有購票」。

於是，我微笑著對他說：「謝謝你的提醒！這確實是我們的疏忽，能不能讓我幫你補蓋一下？如果之後又掉了，再來找我補一次，保證讓你安心入場！」

這番話一出，他的神情明顯放鬆了許多，從一開始的不滿轉為放心，他點點頭，讓我補蓋了一次章，然後笑著說：「那就麻煩你了！」

在這小小對話中，我深刻體會到：**掌握「底層邏輯」思考，是讓溝通順利的關鍵**。

案例分析

什麼是「底層邏輯」，為什麼它能讓溝通更有效？

在剛剛的故事裡，這位來賓的焦慮點並不是真正的「蓋章不防水」，而是害怕自己會被誤解為沒有購票入場。但如果我們不去拆解這個底層邏輯，而只是急著回應表面的問題，就容易讓對話變成「無效溝通」。這裡，我們來分析幾個常見的溝通錯誤：

一、我們常常急著解釋，而忽略對方的真正需求

當對方抱怨或反應問題時，我們很容易出於自我防衛，馬上解釋自己沒有錯。例如：

- 「不是我的問題，是其他人準備的。」（責任推卸）
- 「這個章其實還留著一點，不會影響入場啊！」（直接反駁）

這些話表面上看似合理，卻可能讓對方感覺**我們只是在為自己辯解，而不是真正理解他的擔憂**。

二、事件的表象 VS 事件的「底層邏輯」

這次的溝通情境，我們可以拆解成兩個層次：

表象層面（來賓說的話）：「這個章不防水，洗個手就掉了！」

底層邏輯（真正的擔心）：「我害怕沒有章之後，會被工作人員攔下來，認為我沒有購票。」

如果我沒有理解這個底層邏輯，單純回應他的「表象問題」，可能會讓這場對話演變成更大的不滿，甚至產生不必要的摩擦。

當我們能夠深入理解對方的「核心需求」，我們的回應就會更加精準、有效，也能迅速緩解對方的焦慮感。

三、「底層邏輯」思維，讓我們避免無謂的爭論

很多時候，對話會演變成爭論，就是因為我們沒有看到真正的問題點。想像以下兩種對話：

✕傳統應對方式▼（缺乏底層邏輯思考）

來賓：「這個章會掉，洗手就沒了！」

工作人員：「這是特定油墨的關係，不是我們的問題。」

這樣的回應，很可能讓對方感覺「你只是在解釋，並沒有真的要解決問題」。

○底層邏輯應對方式▼

來賓：「這個章會掉，洗手就沒了！」

工作人員：「我懂你的擔心，你是怕沒有章會影響入場對吧？不用擔心，我幫你補蓋一次，如果還有問題隨時找我！」

這樣的回應，不僅讓對方的情緒安定下來，也讓整個溝通變得更加順暢。

實用技巧

如何運用「底層邏輯」思考，讓你的溝通更精準？

現在，我們知道「底層邏輯」能夠幫助我們更準確地理解對方的需求，那麼在日常生活和工作中，我們該如何運用呢？這裡提供三個實用技巧，幫助你掌握這項強大的溝通工具。

❶ 掌握「三問法」，快速找到核心需求

當對方表達意見或抱怨時，先問自己這三個問題：

- **「他真正想要的是什麼？」**（核心需求）
- **「他的擔憂點在哪裡？」**（底層邏輯）
- **「我能做些什麼來讓他放心？」**（解決方案）

這樣的提問方式，能幫助我們快速聚焦重點，避免進入無意義的爭論。

❷ 放慢回應速度，先理解再回應

當我們遇到批評或質疑時，很多人會本能地急於回應，但這往往會讓對話變成「各說各話」。

學習**先聽完對方的完整想法，再思考背後的核心邏輯**，可以讓你的回應更貼近對方真正的需求。

❸ 以「解決問題」為導向，而非「證明自己是對的」

很多時候，我們會陷入想要「證明自己沒有錯」的困境，但真正有效的溝通，應該是關注如何讓對話變得有建設性，而不是誰對誰錯。

如果你能夠站在對方的角度思考，並提供能真正解決對方問題的回應，對方的情緒自然會平穩下來。

理解背後的「底層邏輯」，讓溝通變得更精準有效

溝通的核心，不是辯解，而是理解對方的需求。

當我們能夠看見對方話語背後的真正擔憂，就能用更溫暖、更有效的方式，讓每一次對話都成為真正的連結。

哲維溫暖

\\\ 對您說 ///

其實，沒有人是故意急躁的，往往只是因為內心焦慮不安。而當一個人沒有意識到自己的狀態時，要及時調整就變得困難。如果我們不被情緒牽動，也不將對方的反應視為惡意，就能看見人們內心善良的一面。

工具箱

這是關於「高能量溝通核心第二步——想得通」的工具箱，能讓你真正掌握如何想清楚對話的底層邏輯，拆解問題。以下是六個獨特且強大的「想通邏輯」溝通工具，每個工具都包含核心概念、如何使用、使用時機、實際使用情境舉例、關鍵技巧及練習題！

工具①：「拆解問題框架」——看清本質，打破思維僵局

【核心概念】

當我們遇到問題，常常會被情緒淹沒，甚至陷入「死胡同」的思考模式。我們越想解決問題，反而越覺得無從下手。這時，**真正的關鍵不是找到答案，而是拆解問題本身**。

「**拆解問題框架**」，就是透過系統性的思考，把問題的各個層面一一分解，找出真正的核心議題。這不僅能讓問題變得更清晰，還能幫助我們避免被不必要的細節困擾，進而找到最有效的解決方案。

【如何使用】

使用這個工具時，請按照以下三個步驟：

1. 區分「表象問題」與「核心問題」

- 問問自己：「這個問題真正的本質是什麼？」例如：「我對團隊溝通感到挫折」，這可能不是溝通技巧的問題，而是「大家對目標的理解不同」。

2. 拆解問題的層次

- 使用「5W1H」分析：Who（誰涉及這個問題？）；What（問題的主要內容是什麼？）；When（問題發生的時間點？）；Where（問題發生的場景？）；Why（為什麼會發生這個問題？）；How（有哪些可能的解決方案？）。

3. 重組問題，找到核心癥結

- 把問題的不同面向拆開來看後，你通常會發現：「原來這並不是一個大問題，而是幾個小問題的集合。」
- 重新整理問題後，你就能清楚知道應該先處理哪個部分。

【使用時機】

- 當你發現自己陷入無解的困境時

- 當你覺得問題「太複雜」而無從下手時
- 當你需要幫助他人釐清困境時

【實際使用情境舉例】

情境1：創業者的困境

小安創立了一家手工甜點店，但業績遲遲無法突破。他覺得：「是不是我的產品不好？還是廣告不夠？」

當他使用「拆解問題框架」後，發現其實：

- 甜點本身沒問題，顧客給的回饋很好。
- 但是地點選擇錯誤，導致客流量不足。
- 他只專注於社群行銷，卻忽略了實體店的曝光。

最終，他決定與咖啡廳合作，讓產品進入更多銷售渠道，業績才逐步提升。

情境2：職場困境

小芸是一名設計師，她的主管對她的提案總是挑三揀四，讓她覺得自己「是不是不適合這份工作」。當她拆解問題後發現：

- 主管的標準並不明確，每次審核的重點不同。

◆她並不是能力不足，而是「未能精準掌握主管的需求」。

於是，她開始每次提案前，主動詢問主管：「這次您最在意的設計要素是什麼？」結果，她的提案被通過的比例大幅提升。

【關鍵技巧】

關鍵技巧1：不要停留在「問題」本身，而是拆解它的不同層次。

關鍵技巧2：避免用「是或否」的方式思考，而是問自己：「還有其他可能嗎？」

關鍵技巧3：多問「為什麼」五次，深入核心問題，而非停留在表象。

這三道練習題，將幫助你實際運用「拆解問題框架」，學會從問題的不同層次切入，避免被表面現象困住，進一步找到真正的核心關鍵。請用這些題目來練習你的分析與拆解能力，並在答案部分寫下你的思考過程。

【練習題】工具1：「拆解問題框架」

練習題1：團隊內的溝通問題

情境描述：你是一名部門主管，最近發現團隊內的成員總是彼此誤解，經常因為資訊不對等而產生衝突。你感覺自己已經嘗試過多種方法，例如開會時強調明確溝通、要求大家寫會議紀錄，甚至建立了LINE群組來即時回報進度，但問題仍然沒有改善。

你開始懷疑：「是不是這群人根本不適合一起工作？」但這真的是核心問題嗎？

請根據「拆解問題框架」回答以下問題：

1. 區分「表象問題」與「核心問題」

- 表面上，問題看起來是什麼？
- 但更深入來看，真正的關鍵點可能是什麼？

2. 使用5W1H分析問題

- Who：哪些人在溝通時最容易出問題？
- What：問題的主要內容是什麼？是資訊沒傳遞好，還是彼此誤解？
- When：什麼時候溝通最容易出問題？開會時？寫信件時？還是即時溝通？
- Where：問題主要發生在哪些場合？面對面會議、群組討論，還是Email往來？
- Why：為什麼這些問題會發生？是因為大家的理解方式不同，還是因為信息過載？
- How：有沒有其他方式來改變這種情況？

3. 重新組織問題，找出你認為最應該優先解決的關鍵點，並寫下你的解決方向。

練習題2：斜槓創業的困境

情境描述：你是一位正在經營個人品牌的斜槓工作者，透過社群媒體分享你的專業知識，並希望吸引更多人購買你的課程或服務。但問題是，雖然你的貼文有許多讚數與留言，但真正轉換成實際付費的客戶卻很少，讓你開始懷疑：「是不是我沒有影響力？還是我的產品定價太高？」請根據「拆解問題框架」回答以下問題：

1. 區分「表象問題」與「核心問題」

- 你覺得轉換率低的原因是什麼？（表象）
- 但背後的真正原因可能是什麼？（核心）

2. 使用5W1H拆解問題

- Who：你的受眾是誰？他們真的需要你的產品嗎？
- What：你的內容與產品是否清楚傳達價值？
- When：受眾通常在什麼時候對你的內容最感興趣？
- Where：你的銷售發生在哪裡？是否選擇了錯誤的平台？
- Why：為什麼這些人沒有轉換？是價格、信任度還是需求不夠強烈？
- How：如果要改善轉換率，你有哪些選擇？

3. 寫下你的行動計畫，如果這是你的問題，你會如何做來提升轉換率？

練習題3：職場瓶頸

情境描述：你是中高階主管，在公司已經有一定的資歷，對工作也非常熟練。但最近，你開始感覺到自己的職涯停滯不前——雖然你仍然很努力，但上司似乎沒有特別關注你，你的意見也沒有受到太多重視。你開始懷疑：「是不是公司不再重視我了？還是我已經達到職涯的天花板？」請根據「拆解問題框架」回答以下問題：

1. 區分「表象問題」與「核心問題」

◆ 你覺得自己的職涯停滯是什麼原因？

◆ 但真正的關鍵問題可能是什麼？是自己沒有積極爭取，還是公司對你的期望已經改變？

2. 使用5W1H拆解問題

◆ Who：你的主管或同事對你的評價是什麼？他們如何看待你的價值？

◆ What：你最近是否主動提出新專案或學習新的技能？

◆ When：這種職涯停滯的感覺是什麼時候開始的？是公司的組織改變，還是你個人的狀態？

- Where：有沒有特定的會議或場合，你的意見沒有被重視？
- Why：你的上司是否有足夠的動機去提拔你？如果沒有，可能的原因是什麼？
- How：如果你要突破這個瓶頸，你有哪些行動可以做？

3. 寫下你的行動計畫，你會如何為自己創造新的成長機會？

總結

這三道練習題，針對三個不同情境（團隊溝通、創業挑戰、職涯發展），幫助你透過「拆解問題框架」來深入分析問題，而不是停留在表象。當你練習這個方法，你將會發現——真正的困境往往不像表面看起來那麼難解，只要用對方法拆解，它們就能變得更清晰，進而找到最好的解決方案！

工具②：「視角轉換法」——站在不同位置，解鎖全新思維

【核心概念】

當我們遇到困境時，往往會陷入「自我視角」，只看到自己眼前的問題，卻忽略了整

體情境。這使得我們的思考變得狹隘，甚至會產生錯誤的判斷。

「**視角轉換法**」是一種強大的思維工具，它可以幫助我們從不同角度看待問題，提升理解能力，並找到更有效的解決方案。當我們能夠站在不同的立場思考，就能跳脫慣性思維，讓問題變得更加清晰。

這種方法不僅能夠幫助自己想通問題，也能讓我們在溝通中更具說服力，因為當我們理解對方的視角時，我們的表達就能更貼近對方的思維模式，讓彼此更容易達成共識。

【如何使用】

「視角轉換法」的核心在於有意識地切換思考模式，我們可以透過以下三個步驟來練習：

步驟1：切換三種視角

當你遇到一個問題時，試著從三個不同視角來思考：

1. 自我視角（第一人稱）：站在自己的立場，思考自己的需求、感受和想法。
2. 對方視角（第二人稱）：站在對方的立場，思考對方為什麼會這樣做？他的需求是什麼？
3. 第三方視角（旁觀者）：假設自己是局外人，從客觀角度來分析這件事，看看有哪些可能的解決方案。

步驟2：問自己不同的問題

在轉換視角時，你可以問自己以下問題：

- 自我視角：「這件事對我來說最重要的核心是什麼？」
- 對方視角：「如果我是他，我會怎麼看待這件事？他可能的擔憂是什麼？」
- 第三方視角：「如果是一位專業顧問來看這個問題，他會給出什麼建議？」

步驟3：綜合視角，找到最佳解決方案

當你從不同的視角思考之後，你會發現，問題的全貌比你原本看到的更完整。這時候，你就可以將這些視角的資訊綜合起來，找到一個最適合的解決方案。

【使用時機】

- 當你與他人意見不合時：試著站在對方的立場，看看他的需求與動機。
- 當你對某件事感到困惑時：透過不同的視角，找到新的突破口。
- 當你需要做重大決策時：避免單一視角帶來的盲點，提高決策品質。

【實際使用情境舉例】

情境1：職場衝突

小瑩是一位行銷經理，她最近和設計部門發生了一些摩擦。她希望設計師能夠根據她的需求修改海報設計，但對方總是反駁，認為自己的設計才是最好的。她決定使用「視角轉換法」來理解這個問題：

◆自我視角：「我覺得設計師不願意修改，讓我的工作變得困難。」

◆對方視角：「設計師可能認為我的修改要求會影響他的設計理念，他可能希望自己的創意能夠被尊重。」

◆第三方視角：「這是一場專業與市場需求的拉鋸戰，雙方的立場都有道理，應該找到一個折衷的解法。」

最終，她改變了自己的溝通方式，與設計師共同討論市場趨勢，讓設計師理解修改的理由，而不是直接要求對方修改。這讓對方更願意合作，問題也得到了圓滿的解決。

情境2：家庭溝通

小明最近和媽媽發生了爭執，因為媽媽總是要求他「多穿點衣服」，即使天氣沒有那麼冷。他覺得很煩，認為媽媽太過嘮叨。但當他使用「視角轉換法」後：

◆自我視角：「我覺得媽媽總是管太多，讓我覺得不被尊重。」

◆媽媽的視角：「媽媽是出於關心，她可能擔心我感冒，但她的表達方式讓我覺得有壓力。」

◆第三方視角：「這是一個典型的親子溝通問題，核心不是衣服，而是關心與自由之間的平衡。」

最後，小明沒有再生氣，而是換了一種方式回應：「媽，我知道你是擔心我生病，我會注意的，不用擔心。」這樣一來，媽媽也就不再嘮叨，彼此的關係反而變得更親近。

【關鍵技巧】

關鍵技巧1：設定「視角切換時間」

你覺得自己陷入負面情緒時，立刻提醒自己：「換個角度看看！」這個習慣需要刻意練習，才能變成本能反應。

關鍵技巧2：用寫下來的方式幫助自己轉換視角

拿一張紙，分成三欄，寫下「我的觀點」、「對方的觀點」、「旁觀者的觀點」，當你具體寫出來後，你會發現很多盲點。

關鍵技巧3：刻意練習「假裝成對方」來說話

當你轉換到對方視角時，試著說出：「如果我是對方，我會怎麼說？」這能幫助你真正站在對方的立場思考。

這三道練習題將幫助你實際應用「視角轉換法」，學會從不同的角度來看待問題，找到更全面的解決方案。請嘗試用這些題目練習，並在答案部分寫下你的思考過程。

【練習題】工具2：「視角轉換法」

練習題1：職場溝通挑戰

情境描述：你是某公司的一名高階主管，最近在會議上向團隊提出了一項新的市場行銷策略，但團隊成員的反應不如預期，許多人顯得不太有興趣，甚至有人私下抱怨：「這樣做根本行不通，為什麼還要改？」你感到困惑，明明這個策略是根據市場調研來設計的，為什麼大家這麼抗拒改變？

請使用「視角轉換法」回答以下問題：

1. 自我視角（第一人稱）

- 這件事情對你來說最重要的核心是什麼？
- 你的情緒是什麼？你對團隊的反應有什麼想法？

2. 對方視角（第二人稱）

◆ 如果你是團隊成員，你會怎麼看待這項新的策略？

◆ 團隊可能擔心什麼？他們的抗拒是基於什麼原因？

3. 第三方視角（旁觀者）

◆ 如果你是一位職場顧問，會怎麼分析這個問題？

◆ 你認為溝通方式有沒有可以調整的地方？

最後，請根據三種視角的分析，寫下你的改進策略，讓團隊更容易接受這項新策略。

練習題2：客戶拒絕你的產品

情境描述：你正在經營一個線上課程，專門教導女性如何透過自媒體經營個人品牌。但最近，你在推廣時遇到一位潛在客戶，她對你的內容表現出濃厚興趣，卻在最後階段說：「我覺得這堂課很好，但我現在沒辦法投資這麼多錢。」你感覺有點沮喪，因為你知道這門課對她的成長會有幫助，但又不想強迫對方購買。

請使用「視角轉換法」回答以下問題：

1. 自我視角（第一人稱）

◆ 你認為這位客戶拒絕購買的主要原因是什麼？

- 你的內心感受是什麼？你是否有覺得被拒絕很挫折？

2. 對方視角（第二人稱）

- 站在客戶的立場，她會如何看待你的課程？
- 她真正擔心的是價格問題，還是對自己沒有信心？

3. 第三方視角（旁觀者）

- 如果你是商業教練，會怎麼建議自己應對這種情況？
- 你可以怎麼做，讓這位客戶更願意考慮你的課程？

最後，請根據三種視角的分析，設計一個更好的回應方式，讓對方感受到你的價值，而不是只關注價格問題。

練習題3：親密關係中的誤解

情境描述：最近，你的伴侶抱怨你：「你每天都在忙工作，都沒有時間陪我！」但你覺得自己已經很努力平衡了，你的事業對你來說很重要，這讓你感到委屈。你不想讓這場對話變成爭吵，但你也不希望對方覺得你不夠在乎。

請使用「視角轉換法」回答以下問題：

1. **自我視角（第一人稱）**

◆ 你對這句話的第一反應是什麼？

◆ 你覺得自己真的沒有關心對方嗎？

2. **對方視角（第二人稱）**

◆ 如果你是對方，你會如何看待這個問題？

◆ 你的伴侶真正需要的是什麼？是時間，還是情感上的關注？

3. **第三方視角（旁觀者）**

◆ 如果你是一名感情顧問，會如何建議自己處理這個情況？

◆ 你能否找到一個讓雙方都滿意的平衡點？

最後，請根據三種視角的分析，寫出你會如何回應伴侶的這句話，讓這次對話變得更有建設性，而不是變成一場無謂的爭執。

工具③：「核心需求探測法」——直達內心，精準理解真正的需求

【核心概念】

我們在溝通時，常常會專注於對方表面上的言語，但忽略了背後的真正需求。有時候，對方說的話，並不等於他的真正想法，而是受到情緒、環境、或過往經驗的影響。

「核心需求探測法」就是一種幫助我們「拆解話語背後真正意圖」的技巧，讓我們不只是聽到對方說了什麼，而是能夠理解他真正想表達的核心需求。當我們抓住對方的真正需求，而不是被表面的話語牽著走，溝通就能變得更有效率，也更具影響力。

這種方法在職場管理、客戶談判、親密關係，甚至親子溝通中都能發揮極大的作用，因為當我們能夠聽懂對方的「隱藏需求」，我們才能真正解決問題，甚至讓對方產生「被理解」的感受，進而更加信任我們。

【如何使用】

核心需求探測法的關鍵在於透過「層層深入的提問」，幫助自己與對方探索出真正的核心需求，可以透過以下三步驟來進行：

步驟1：辨識「表面需求」與「核心需求」

當我們聽到對方說話時，我們需要先分辨這句話是表面上的需求，還是真正的核心需求。舉例來說：

- 表面需求：「我覺得我們應該重新設計這份報告。」

◆ 核心需求：「我希望這份報告更符合市場需求，提升決策品質。」
◆ 表面需求：「你怎麼又忘記倒垃圾？」
◆ 核心需求：「我希望你能夠主動參與家務，讓我們的關係更加平衡。」

很多時候，人們說的第一句話，往往只是情緒的反應，真正的需求藏在更深的地方。

步驟2：使用「五個為什麼」進行深挖

「五個為什麼」（Five Whys）是一種來自日本豐田公司的問題分析方法，能夠幫助我們透過連續的提問，一步步找到問題的根本。

你可以這樣應用：

1. **對方說：**「這份報告需要重新設計。」
2. **問自己第一個為什麼：**「為什麼他覺得報告需要重新設計？」
↓「因為他覺得報告的內容沒有吸引力。」
3. **問第二個為什麼：**「為什麼內容沒有吸引力？」
↓「因為市場數據沒有足夠的圖表呈現，讓決策者不易理解。」
4. **問第三個為什麼：**「為什麼他希望決策者容易理解？」
↓「因為這樣可以讓高層快速看到重點，提高決策效率。」

5. 問第四個為什麼：「為什麼決策效率對他這麼重要？」

↓「因為如果決策過慢，他的團隊就無法迅速執行，影響績效。」

6. 問第五個為什麼：「為什麼績效對他很重要？」

↓「因為這是他負責的業務範疇，他必須確保團隊成效，才能獲得更多資源與信任。」

結果發現，**對方真正的需求不是「重新設計報告」，而是「讓決策層快速理解資訊，提高團隊執行力」**。如果我們只是專注在「報告設計」上，可能會浪費時間，但如果直接優化報告的數據可讀性，對方就能夠接受我們的方案。

步驟3：用「換句話說」確認需求

當我們初步找到對方的核心需求時，我們可以使用「換句話說」的方式，來確認我們是否理解正確。舉例來說：

- **對方說：**「你怎麼又忘記倒垃圾？」
- **你可以這樣回應：**「你是希望我能夠更主動地分擔家務，讓我們的家務責任更平均，是這樣嗎？」

這樣的回應方式，有兩個好處：

1. 讓對方感受到你有在認真聆聽，而不是只是回應情緒。

2. 如果你的理解有誤，對方會直接修正，讓你更快找到真正的問題點。

當我們能夠透過這個方法，精準理解對方的核心需求，溝通的效率會大幅提升，甚至能夠讓對方覺得「你真的懂我」，從而建立更深的連結。

【使用時機】

◆當你覺得對方說的話不太合理時：有些人的抱怨其實不是問題本身，而是背後的情緒和需求。

◆當你發現自己開始與對方爭論時：爭論往往來自於誤解，試著挖掘對方真正的需求，找到雙贏的解決方案。

◆當你想提升影響力時：如果你能精準對應對方的核心需求，別人會覺得你非常懂他，自然更容易接受你的觀點。

【實際使用情境舉例】

情境1：主管與員工的溝通

員工（表面需求）：「主管，我覺得公司應該給我們更高的薪水！」

主管（核心需求探測）：「你覺得現在的薪資沒有反映你的價值，是這樣嗎？」

員工（深入挖掘）：「對，我覺得我做了很多工作，但沒有被看到。」

主管（再進一步）：「所以你希望有一個機制，能讓你的貢獻被認可，對吧？」

員工（核心需求）：「對！如果有公平的績效評估機制，我會更有動力。」

結果發現，員工真正的需求不是「加薪」，而是「公平的績效評估」，如果只是一味地解釋公司財務狀況，而不處理這個需求，員工的抱怨還是會持續。

情境2：夫妻溝通

太太（表面需求）：「你每次都這麼晚回家，根本不關心家裡！」

先生（核心需求探測）：「你是覺得我應該多花時間陪你和孩子，是這樣嗎？」

太太（深入挖掘）：「是啊，我們一天幾乎沒有對話，感覺很疏遠。」

先生（再進一步）：「那如果我們每週安排一次固定的約會，你會覺得比較好嗎？」

太太（核心需求）：「如果有這樣的時間安排，我會覺得我們的關係更穩固。」

這個案例顯示，太太真正的需求不是「先生早點回家」，而是「有品質的陪伴」，如果先生只是趕回家但不交流，問題仍然不會解決。

【關鍵技巧】

關鍵技巧1：當對方情緒激動時，先別急著反駁，先問「為什麼」。

關鍵技巧2：用「換句話說」來確認你的理解是否正確。

關鍵技巧3：在心中提醒自己：「他真正想要的是什麼？」不要被表面話語帶偏。

這三道練習題將幫助你練習如何透過「核心需求探測法」，從表面需求深入挖掘對方真正的需求，提升你的溝通影響力。請嘗試用這些題目進行練習，並在答案部分寫下你的思考過程。

工具④：「思維轉換鏡」——切換視角，看見真正的問題本質

【核心概念】

溝通的過程中，最容易發生的一件事就是——我們用自己的視角去解讀對方的話，卻忽略了對方的立場和背景。當雙方的思維模式不同，卻沒有意識到這點時，對話往往會變成誤解、爭論，甚至衝突。

「**思維轉換鏡**」就是一種讓我們能夠跳脫「自己的框架」，真正站在對方角度思考的工具。當我們能夠做到「換位思考」，不只是表面上的理解，而是深入感受對方的處境，我們就能在溝通中更快找到對方的真正需求，並且提出讓對方心悅誠服的回應。

這個方法的核心，不是讓你改變自己的想法，而是幫助你**理解為什麼對方會有這樣的**

想法，進而調整你的表達方式，讓你的溝通更具影響力。

【如何使用】

「思維轉換鏡」有三個核心步驟：

1. 將對話「翻轉」，用對方的角度重述問題。
2. 帶著「假設對方是對的」的心態，思考他的出發點。
3. 用對方的語言，重新表達你的觀點。

這三個步驟看似簡單，但如果能夠真正運用，你的溝通效果將會大幅提升。

步驟1：將對話「翻轉」，用對方的角度重述問題

當你與對方產生分歧時，請先停下來，問自己一個問題：「如果我是對方，我會怎麼看待這件事？」舉個例子：

◆A（主管）：「為什麼你每次都這麼晚交報告？」

◆B（員工）：「因為工作量太多，我根本來不及做完！」

這時，主管可能會認為員工只是藉口多，應該更有效率，但如果我們用「思維轉換鏡」來看，應該這樣思考：「如果我是員工，我會覺得主管根本不理解我有多少事情要做，而只是單方面要求結果。」

當我們這樣想，會發現自己原本的溝通方式，可能根本沒有對應到對方的處境，也難怪對方會有抗拒的反應。

這時，主管可以試著這樣說：「我知道你手上的工作很多，那麼我們可以一起看看，怎麼樣能讓報告準時完成？」

這樣的說法，員工就比較容易接受，因為主管「看見了他的問題」，而不是只是在下命令。

步驟2：帶著「假設對方是對的」的心態，思考他的出發點

人們在溝通時，通常會習慣性地「防衛」自己的觀點，這是一種本能。然而，當我們把對方的話當成「錯誤的」，我們的語氣、反應，就會讓對方感覺自己「被挑戰」，進而產生抗拒，最終導致溝通無效。

因此，在使用「思維轉換鏡」時，有一個關鍵的技巧：先假設對方是對的，看看這樣的思維會如何影響我們的理解？舉例來說：

◆A（太太）：「你每次都這麼晚回家，根本不在乎這個家！」

◆B（先生）（防衛心態）：「我這麼努力工作，還不是為了這個家？」

如果先生用「思維轉換鏡」，他可以這樣思考：「如果我假設她說的話是對的，那她

真正想表達的，可能是希望我多花時間陪伴她，而不是單純地在指責我。」

這時，先生就可以改變回應方式：「我知道你是因為在意我們的關係，才會有這樣的感受。我最近工作真的很忙，但我也希望能多陪你，這週末我們一起去吃頓飯好嗎？」

當對方感覺到「被理解」，他自然就會放下防衛，溝通也會變得更加順暢。

步驟3：用對方的語言，重新表達你的觀點

當我們「轉換視角」後，我們的下一步就是「用對方能接受的語言」來表達自己的想法。這樣做的目的是：

1. 讓對方覺得你理解他的觀點。
2. 降低對方的防備心。
3. 提升對方對你話語的接受度。

舉例來說：

◆A（老闆）：「這個提案沒有創新點，你要重新修改！」

◆B（員工）：「可是這樣改來改去，我們根本沒辦法準時交案。」

如果老闆改用「思維轉換鏡」，他可以這樣說：「我知道你們已經花了很多時間在這個提案上，我的期待是，能不能讓它的市場競爭力再提升一點？如果你需要更多資源，我

們可以一起來討論。」

這樣的說法，比起「重新修改」來得更有建設性，也讓員工更願意接受。

【使用時機】

◆當你與對方意見不一致時：可以用「思維轉換鏡」來思考，對方為什麼會這樣看待問題？

◆當對方的話讓你感到不滿時：先暫停，假設對方是對的，看看問題是否有不同的切入點。

◆當你發現對話進入僵局時：試著換一種方式說話，用對方的語言來重新表達你的觀點。

【實際使用情境舉例】

情境1：父母與孩子的溝通

孩子（表面需求）：「我不想學數學，這些東西根本沒用！」

父母（原本的回應）：「你怎麼這麼不懂事？數學很重要！」

父母（使用思維轉換鏡）：「你覺得學數學很無聊，對吧？是因為你覺得學了之後用不到嗎？」

孩子：「對啊！學這些東西有什麼意義？」

父母（引導）：「那我們來看看，數學可以怎麼應用在你喜歡的事情上，例如你最喜歡的遊戲中，是不是也需要數學？」

這樣的對話，孩子比較容易接受，也更有機會改變他的態度。

情境2：客戶服務

客戶（表面需求）：「你們的產品怎麼這麼貴？根本不值得！」

客服（原本的回應）：「我們的產品品質很好，這個價格很合理。」

客服（使用思維轉換鏡）：「您是覺得這個價格和您的預期有落差嗎？能不能請您分享，您覺得理想的價格範圍是什麼？」

客戶：「我本來以為這樣的產品應該在×××元左右。」

客服（引導）：「了解，那麼讓我跟您分享一下，這個產品的價值在哪裡，讓您看看是否符合您的期待。」

這樣的對話，比起單方面解釋價格，能夠讓客戶更願意傾聽。

【關鍵技巧】

關鍵技巧1：先問自己：「如果我是對方，我會怎麼想？」

關鍵技巧2：假設對方是對的，看看這樣的思維模式是否有道理。

關鍵技巧3：用對方的語言來重新表達你的觀點。

這三道練習題將幫助你鍛鍊「思維轉換鏡」的技巧，讓你能夠在溝通時更輕鬆地理解對方的觀點，並用更有效的方式表達自己的想法。請嘗試回答這些題目，並寫下你的思考過程。

【練習題】工具4：「思維轉換鏡」

練習題1：職場領導與團隊合作

情境描述：你是一名企業主管，你的員工小美最近頻繁遲到。你已經提醒她好幾次，但她仍然沒有改善。今天，她又遲到了二十分鐘，於是你當場對她說：「小美，你這樣遲到太頻繁了，這樣會影響團隊的工作進度。」然而，小美聽到後，露出委屈的表情，然後低聲回應：「可是我真的已經很努力了，每天都想準時到公司……」

請使用「思維轉換鏡」回答以下問題：

1. 站在對方的角度思考

- 如果你是小美，你會怎麼看待這個問題？

- 你覺得她的內心真正想表達的是什麼？

2. 帶著「假設對方是對的」的心態，分析她的出發點

- 她的遲到是否有她無法掌控的原因？
- 她對你的提醒是否可能產生誤解或壓力？

3. 調整你的回應方式

- 你可以怎麼樣調整你的語氣和措辭，讓她更願意與你討論並找到解決方案？
- 請試著用更貼近她的語言，重新表達你的立場，例如：「小美，我知道你每天都很努力在趕來公司……」

練習題2：客戶溝通與銷售談判

情境描述：你是一名中小企業主，最近你開發了一款高品質的保健產品，並且希望能夠與潛在客戶合作。然而，一位潛在客戶聽完你的產品介紹後，皺著眉頭說：「這個價格比我想像的貴太多了，應該不會有人買吧！」你知道你的產品確實比市面上的便宜款更貴，但它的成分與效果是市場上少見的。你不希望這場對話變成價格戰，而是希望客戶能夠真正理解產品的價值。

請使用「思維轉換鏡」回答以下問題：

1. 站在客戶的角度思考

◆客戶對價格的敏感度代表了什麼？

◆他是否有過去的購買經驗，讓他覺得這樣的產品「應該」更便宜？

2. 帶著「假設對方是對的」的心態，分析他的出發點

◆如果他是對的，代表他可能還不清楚這款產品真正的價值，那麼你應該怎麼做？

◆他是否曾經買過類似但價格更便宜的產品？他擔心的是什麼？

3. 調整你的回應方式

◆如何用「客戶能夠理解的語言」，來讓他看到這款產品的價值？

◆試著用他的語言，重新說明你的產品，例如：「我理解您對價格的考量，現在市場上的確有更便宜的選擇……」

練習題3：家庭與親密關係溝通

情境描述：你的伴侶最近抱怨你：「你每天都在忙工作，根本沒有時間陪我！」你覺得這句話有點委屈，因為你努力工作是為了讓家庭生活更好，而且你其實很在乎他，但你不想讓這個話題變成爭吵。

請使用「思維轉換鏡」回答以下問題：

1. 站在對方的角度思考

- 你的伴侶真正的意思是什麼？他是真的在責怪你，還是他希望得到更多的關心？
- 他可能有哪些隱藏的需求，例如情感上的陪伴、共同時間的安排等？

2. 帶著「假設對方是對的」的心態，分析他的出發點

- 如果他的感受是對的，你可以怎麼樣做得更好？
- 他希望的「陪伴」是否一定是長時間的？還是有更有效率的方式？

3. 調整你的回應方式

- 你可以怎麼樣用他能接受的語言來回應，而不是讓對話變成爭論？
- 試著重新表達你的想法，例如：「我知道你希望我們有更多的時間一起相處……」

這三道練習題，涵蓋職場管理、銷售溝通、親密關係三個場景，幫助你練習「思維轉換鏡」的技巧，讓你能夠用更貼近對方立場的方式來回應。當你學會這種方法，你的話語將更容易被接受，溝通也會更加順暢！

工具⑤：「挑戰假設法」——打破思維限制，發現新可能

【核心概念】

在思考與溝通的過程中，我們往往會受限於自身的「隱性假設」而不自知。這些假設來自於我們過去的經驗、環境、文化背景、甚至個人信念，而這些看不見的框架會影響我們的決策，甚至讓我們陷入「固定思維模式」，無法發掘真正的解決方案。

「**挑戰假設法**」是一種刻意識別、分析並打破我們內心既定假設的思考工具，幫助我們找到新的可能性。

這個方法特別適用於：

✓當你發現某個問題似乎「沒有解法」，或所有選擇看起來都不理想時。

✓當你對某個情境做出強烈的預測，認為「一定會這樣」時。

✓當你發現自己一直在某個模式裡打轉，卻無法跳脫時。

假設影響我們的方式可能是這樣的：

◆「這個行業競爭太大，我沒有機會了。」

◆「如果我跟主管溝通，他一定不會接受。」

◆「我已經沒有選擇了，只能這樣做。」

◆「只有X方法才有可能成功，其他的方式都不行。」

當我們無法察覺這些假設，它們會悄悄地限制我們的選擇，甚至讓我們放棄可能的機會。挑戰假設法的目標，就是讓我們有意識地去拆解這些看似理所當然的觀點，找到全新的可能性。

【如何使用】

挑戰假設法分為三個步驟：

步驟1：識別隱性假設

我們先來檢查自己的內在假設。當你遇到問題時，問自己：

◆「我對這個情境的預測是什麼？」（例如：「這件事一定行不通」）

◆「這個預測基於什麼樣的假設？」（例如：「因為從來沒有人這樣做過」）

◆「這個假設是否一定成立？」（例如：「真的沒有成功過的例子嗎？還是我只是沒看見？」）

當你發現你對事情的看法，其實是建立在「未經驗證的假設」上時，你已經向著突破的方向邁出了一步。

步驟2：反向挑戰假設

一旦你識別出影響你的假設，試著去挑戰它。你可以使用以下方法：

◆逆向假設：「如果這個假設是錯的呢？」

例如，你認為「主管一定不會接受我的建議」。

◆逆向假設：如果他會接受呢？那會是什麼樣的情況？

這時候，你可能會發現：如果你的提案足夠有說服力，或者你先詢問他的需求，也許他真的會接受。

◆尋找反例：「有沒有人打破過這個假設？」

例如，你認為「創業成功的人都需要豐富的人脈」。

但事實上，有許多沒有背景的人也能成功，這代表「人脈」並非唯一的決定因素。

◆從別人的角度看問題：「如果是某個成功的人來解決這個問題，他會怎麼想？」

例如，你認為「沒有投資，創業就不可能成功」。

但如果換成馬雲來看，他可能會說：「創業可以從小規模開始，不需要一開始就有大量資本。

這個過程可以幫助我們打破舊有的思維限制，看到更多的可能性。

步驟3：構建新行動方案

當你成功挑戰假設，發現新的可能性後，接下來要做的，就是重新設計你的行動方案。你可以問自己：

✓ 如果這個假設是錯的，那我要做的第一步是什麼？

✓ 有哪些方法可以驗證新的可能性？

✓ 哪一個小行動可以幫助我打破原有的限制？

挑戰假設法的關鍵，是透過這些問題幫助自己逐步找回行動力，而不是被固有的信念綁住。

【使用時機】

你可以在以下情境使用挑戰假設法：

1. 當你覺得「沒有其他選擇」時

◆「我只能這樣做，沒有其他辦法。」

↓挑戰這個假設，看看是否有新的選擇。

2. 當你害怕行動，因為「一定會失敗」時

◆「如果我去做這件事，一定不會成功。」

↓這個預測是基於什麼？有沒有可能的成功案例？

3. 當你覺得別人不可能改變時

◆「這個人就是這樣，不會接受我的觀點。」

↓有沒有別的方法能影響他？

【實際使用情境舉例】

情境1：職場決策

你想向主管提出新的專案，但你心裡想：「他一定會拒絕。」

挑戰假設：「如果他可能會接受呢？什麼條件下他會願意？」

行動方案：「先找時間詢問主管對此類專案的興趣，了解他的需求，再來調整提案方式。」

情境2：創業挑戰

你認為「創業一定要有很多資本，沒有錢就做不了。」

挑戰假設：「有沒有創業成功但沒有資本的人？」

行動方案：「我可以從小規模開始，例如先測試市場需求，再決定是否需要融資。」

情境3：人際關係

你覺得朋友最近冷淡，認為「他一定是不喜歡我了。」

挑戰假設：「他可能只是最近很忙？」

行動方案：「發訊息關心他，看看是否有其他原因導致他的態度改變。」

【關鍵技巧】

關鍵技巧1：隨時保持覺察：「我現在的想法，真的就是唯一的事實嗎？」

關鍵技巧2：寫下你的假設：有時候，當我們寫下自己的信念，會發現它其實並不一定是真的。

關鍵技巧3：找反例：尋找那些曾經挑戰過這些假設並成功的人，看看他們是如何做到的。

關鍵技巧4：從不同視角思考：換成成功者的視角，看看他們會如何看待這個問題。

這三道練習題將幫助你鍛鍊「挑戰假設法」，讓你能夠跳脫舊有的思維框架，在職場、人際關係、事業發展等方面找到新的可能性。請嘗試回答這些問題，並記錄你的思考過程。

【練習題】工具5：「挑戰假設法」

練習題1：職場挑戰

情境描述：你是一名中小企業主，最近公司業績下滑，你一直認為：「市場競爭太激烈了，我們無法再擴展業務。」這讓你感到壓力巨大，甚至有些灰心，但你也知道，抱怨市場競爭並不能真正解決問題。

請使用「挑戰假設法」回答以下問題：

1. 識別隱性假設

- 你的這個想法是基於哪些假設？（例如：「競爭對手已經佔據所有市場，我們沒有機會了。」）
- 這些假設是否真的無可動搖？

2. 反向挑戰假設

- 這個市場真的已經沒有任何空間了嗎？有沒有哪個市場區塊仍然有需求？
- 有沒有競爭對手仍未滿足的客群？如果你轉換策略，是否能找到新的機會？
- 有沒有其他企業在類似困境中成功突圍的案例？他們做對了什麼？

3. **構建新行動方案**

- 如果你的假設是錯的，你的第一個行動步驟應該是什麼？
- 你可以如何測試新的市場策略，而不是直接放棄？

練習題2：人際關係與團隊溝通

情境描述：你是某公司的高階主管，最近你發現一位團隊成員對你的決策總是持不同意見，甚至有時會在會議中公開質疑你。你心裡的假設是：「這個員工不喜歡我，總是想反對我。」這讓你感到不悅，甚至有些防備。但如果你的假設是錯的呢？

請使用「挑戰假設法」回答以下問題：

1. **識別隱性假設**

- 你為什麼會覺得這個員工是「針對你」，而不是單純對決策有不同看法？
- 這個假設是基於事實，還是只是你的感受？

2. **反向挑戰假設**

- 有沒有可能這名員工其實是想讓專案更完善，而不是單純與你作對？
- 如果這名員工的立場有合理性，你能從他的反對意見中學到什麼？
- 如果你換個方式與他溝通（例如在私下請教他的想法），結果會不會不同？

3. 構建新行動方案

- 你可以做些什麼來測試你的假設？例如，約這位員工私下討論，而不是在公開場合直接對立？
- 你可以嘗試用「請教」而不是「對抗」的方式來了解他的觀點嗎？

練習題3：個人成長與創業思維

情境描述：你一直想要經營一個副業，但內心有個強烈的信念：「我沒有時間兼顧副業，所以現在不是開始的好時機。」這個信念讓你遲遲無法行動，但如果這個想法是錯的呢？

請使用「挑戰假設法」回答以下問題：

1. 識別隱性假設

- 你的這個信念是基於哪些假設？（例如：「做副業一定要全職投入，否則不會成功。」）
- 這個假設真的正確嗎？有沒有其他人成功兼顧本業與副業？

2. 反向挑戰假設

- 有沒有人在時間有限的情況下，依然成功發展副業？

◆ 有沒有可能，副業的開始階段其實不需要占用大量時間？

◆ 你可以測試一種「低成本、低時間投入」的模式來開始嗎？

3. 構建新行動方案

◆ 如果你的假設是錯的，你能否設計一個最小可行實驗來驗證？例如：「先用每天三十分鐘，經營社群或測試市場需求。」

◆ 你能否尋找已經成功兼顧本業與副業的人，向他們學習時間管理技巧？

這三道練習題，涵蓋職場決策、人際溝通、個人成長三個場景，幫助你鍛鍊「挑戰假設法」的思考方式。當你開始有意識地檢視自己的隱性假設，並勇敢地挑戰它們，你將發現更多可能性，也能在溝通與決策上更有彈性，從而打破現狀，創造新的機會！

工具⑥：「焦點轉移技術」——將注意力從問題轉向解決方案

【核心概念】

當人們面對困難或壓力時，往往會不自覺地把焦點放在「問題」上，而不是「解決方案」上。這種思維模式讓人陷入無限焦慮、懷疑與無助，卻無法真正找到突破口。

「**焦點轉移技術**」是一種刻意將注意力從問題本身，轉向可行解決方案的方法。當我們改變關注的方向，我們的思維模式也會從「困境」變為「可能性」，從而打破僵局，找到前進的動力。

這個方法特別適用於：

✓當你覺得問題太大，無從下手時。

✓當你發現自己一直在埋怨現狀，而沒有行動時。

✓當你發現身邊的人（同事、朋友、家人）也深陷問題，而無法找到突破點時。例如：

◆「我的業績一直上不去，市場競爭太激烈了。」

◆「我不擅長公開演講，所以我肯定做不好這場分享。」

◆「這次的合作案條件太苛刻，我們根本沒有機會。」

如果只關注問題，這些負面情緒會一直困住我們，導致我們無法行動。焦點轉移技術的目的，就是讓我們從「抱怨問題」變成「探索解決方案」，進而找到實際可行的步驟，幫助自己邁向成功。

【如何使用】

焦點轉移技術有三個核心步驟：

步驟1：識別當下的「問題聚焦」

第一步，我們需要有意識地察覺自己是不是正在把注意力過度放在問題上，而忽略了可能的解決方案。

你可以問自己這三個問題：

1.「我現在的焦點放在哪裡？」（是問題還是解決方案？）

2.「這樣的思維模式，對我的行動有幫助嗎？」

3.「如果繼續這樣想，我會更接近解決方案，還是更陷入焦慮？」

如果你的答案是「我一直在想這個問題有多難解決」或「這種思維讓我更焦慮、無力」，那麼你就需要刻意轉移你的焦點。

步驟2：用「解決方案框架」重新提問

當你意識到自己被困在問題思維裡時，下一步就是改變你的問題方式，把注意力轉向解決方案。

這裡有幾種方法來轉換問題：

- 「如果這個問題可以解決，那會是怎麼樣的情境？」
- 「如果有個成功案例，他是怎麼解決這個問題的？」
- 「我現在可以做的第一步是什麼？」
- 「這個問題真的無解嗎？還是只是我的視角受限了？」

例如，假設你是一名創業者，剛開始經營社群媒體，但發現粉絲增長緩慢，於是你開始想：「是不是因為市場太競爭了？還是因為我的內容不夠好？」這時候，你可以改變提問方式：

- 「現在有什麼方法可以讓更多人看到我的內容？」
- 「有沒有別的創業者也遇到這個問題？他們是怎麼突破的？」
- 「我可以測試哪些不同的內容來找到更有效的策略？」

這些問題的不同之處在於，它們不再讓你停留在困境，而是讓你開始思考解決方案。

步驟3：立刻採取一個小行動

有時候，我們之所以卡住，是因為我們把問題想得太大，導致自己無從下手。因此，當我們找到可能的解決方案時，最重要的就是立即行動，不管是多小的步驟，都能幫助我們突破困境。

- 「今天我可以做什麼來朝向解決方案前進？」
- 「哪怕是一%的改善，我可以從哪裡開始？」

這樣的行動可以是：

- 試著改變一次表達方式
- 找一位有經驗的朋友請教
- 實驗不同的方法來測試可行性

關鍵在於「動起來」，而不是繼續停留在問題思維裡。

【使用時機】

你可以在以下情境使用焦點轉移技術：

1. 當你覺得事情很難，但卻沒有行動時

- 你知道應該改變，但總是在「想」而不是「做」。

2. 當團隊或身邊的人陷入負面情緒時

- 你發現同事或家人在抱怨問題，但沒有討論解決方法。

3. 當你覺得自己被困住，找不到突破點時

◆你的思緒一直圍繞著問題，卻找不到解決方案。

【實際使用情境舉例】

情境1：工作壓力

你認為：「我老闆總是給我超過我能負擔的工作量，我快撐不下去了。」

焦點轉移問題：「有沒有辦法更有效率地完成？我可以請求哪些資源或支援？」

行動方案：向主管溝通，針對優先事項進行調整，並尋找提高效率的方法。

情境2：人際關係

你的朋友最近都不太聯繫你，你認為：「他是不是不想理我了？」

焦點轉移問題：「他最近是不是很忙？有沒有可能是其他原因？」

行動方案：主動發訊息問候，而不是單方面猜測。

情境3：創業瓶頸

你認為：「我的產品在市場上沒有競爭力，根本沒有機會。」

焦點轉移問題：「哪些競爭者成功了？他們做對了什麼？」

行動方案：研究市場，找到自己可以改進的地方，進行產品優化或行銷調整。

【關鍵技巧】

關鍵技巧1：刻意提醒自己：「我現在是聚焦在問題，還是解決方案？」

關鍵技巧2：用「如果有解決方法，那會是什麼？」來重新思考問題。

關鍵技巧3：避免長時間停留在抱怨狀態，迅速轉移注意力。

關鍵技巧4：立即採取一個小行動，啟動突破的第一步。

這三道練習題將幫助你鍛鍊「焦點轉移技術」，讓你能夠從「抱怨問題」轉向「尋找解決方案」，無論是在事業、職場、人際關係，還是個人成長中，都能培養更有行動力的思維模式。

【練習題】工具6：「焦點轉移技術」

練習題1：職場困境

情境描述：你是一名中小企業主，最近你的團隊士氣低落，業績也沒有起色。你心裡開始想：「這個市場太飽和了，我們根本沒有競爭力。」這種想法讓你對未來充滿焦慮，甚至開始考慮是否該縮減規模。

請使用「焦點轉移技術」回答以下問題：

1. 識別「問題聚焦」

- 目前你的注意力是放在「問題」還是「解決方案」上？
- 你是否一直在思考「市場競爭太激烈」，卻沒有去尋找突破的方法？

2. 用「解決方案框架」重新提問

- 如果你的企業能夠突破市場競爭，那會是什麼樣的情境？
- 其他成功的企業是如何在市場競爭中突圍的？你可以借鑑哪些策略？
- 你現在能做的第一個行動是什麼？

3. 立刻採取小行動

- 你可以嘗試哪一個新策略來提升業績？（例如：提高客戶服務品質、改變行銷方式、與合作夥伴聯盟）
- 你今天可以做的一件事情是什麼？（例如：聯繫一位業界專家請教，或是與團隊進行一場策略會議）

練習題2：人際關係

情境描述：你發現你的伴侶最近對你的回應變少了，也不像以前一樣熱情。你心裡開始擔心：「是不是他對這段關係已經沒有興趣了？」這讓你感到焦慮，甚至開始質疑這段感情是否還能繼續。

請使用「焦點轉移技術」回答以下問題：

1. 識別「問題聚焦」

- ◆ 你目前是專注於「關係變冷淡」這個問題，還是專注於「如何讓關係變好」？
- ◆ 這種思考模式是否讓你陷入更多焦慮，而不是找到實際的改善方法？

2. 用「解決方案框架」重新提問

- ◆ 如果這段關係變得更親密，那會是什麼樣子？你希望的互動模式是怎樣的？
- ◆ 你過去的哪些行為曾經讓伴侶感受到關心和快樂？
- ◆ 你是否可以嘗試某種新的溝通方式，而不是等待對方主動？

3. 立刻採取小行動

- ◆ 你可以做什麼來改善這段關係？（例如：安排一場約會、主動關心對方的近況、寫一封溫暖的訊息）
- ◆ 你今天可以做的一件事情是什麼？（例如：詢問對方最近的壓力點，讓對話更有深度）

練習題3：個人成長與突破瓶頸

情境描述：你一直想開設一個自己的線上課程，但你總覺得：「我沒有足夠的時間，現在還不是適合的時機。」這個想法讓你不斷拖延，結果一年過去了，你還是沒有任何行動。

請使用「焦點轉移技術」回答以下問題：

1. 識別「問題聚焦」

- 你是否一直在想「現在不是時機」，而不是在思考「怎麼讓現在變成合適的時機」？
- 這種想法是否讓你一直停滯不前，而不是尋找可能的解決方案？

2. 用「解決方案框架」重新提問

- 如果你能成功開設線上課程，那你需要哪些條件？這些條件真的很難達成嗎？
- 其他成功的線上講師是如何開始的？他們是一步到位，還是從小規模測試開始？
- 你現在可以做的一個「最小行動」是什麼？

3. 立刻採取小行動

- 你是否可以先錄製一個簡短的影片，來測試市場反應？

- 你今天可以做的一件事情是什麼？（例如：開始規畫課程大綱，或是詢問一位成功的講師他的經驗）

這三道練習題，涵蓋職場、關係、個人成長三個關鍵領域，幫助你練習「焦點轉移技術」，讓你能夠：

- 從問題導向轉向解決導向，讓自己不再陷入焦慮。
- 重新提問，改變思維模式，打開新的可能性。
- 立即採取行動，避免拖延，讓問題真正獲得解決。

當你開始運用這種方法，你會發現，許多原本看似無解的困境，其實只是因為我們的思維受限了。轉移焦點，行動就會開始，改變也會隨之發生！

4

高能量溝通核心第三步「說得好」——讓你的話語有溫度、有力量，真正打動人心！

我們的言語不僅是資訊的傳遞工具，更是能量的載體。

它可以是暖陽，照亮他人心中的黑暗；

也可以是冷風，讓人心寒退縮。

溝通，是我們每天都在做的事情，但真正能讓人感受到溫暖與力量的話語，卻少之又少。你是否曾經歷過這樣的時刻？一句話，讓你瞬間感受到被理解、被鼓舞，彷彿內心的能量被點燃，前方的路也變得清晰起來？反之，也許你也曾被某些話語擊中，讓信心瞬間崩塌，甚至開始懷疑自己。

我們的言語不僅是資訊的傳遞工具，更是能量的載體。它可以是暖陽，照亮他人心中的黑暗；也可以是冷風，讓人心寒退縮。我們常聽到「良言一句三冬暖，惡語傷人六月寒」，但在現實中，真正能夠掌握「說好話」這門藝術的人，卻並不多。

為什麼有些人說話，總能讓人如沐春風？

你或許遇過這樣的人：他們的話語總是帶著一股溫暖的力量，讓你在迷茫時找到方向，在低潮時重新振作。他們不見得多會說話，但總能用最貼切的方式，傳遞支持與肯定。你與他們對話時，會感到自己的價值被看見，內心充滿力量，甚至願意為了更好的自己而努力。

這並不是天生的天賦，而是一種可以學習的能力。「說得好」不只是技巧，而是一種讓彼此關係更美好的選擇。它不是討好、不是奉承，而是基於真誠與理解的溝通方式，能夠創造更深層的連結。

當言語帶著能量，它就能影響人心

在職場上，一句真誠的鼓勵，能讓團隊更有向心力；在家庭中，一句溫暖的話語，能讓關係更加親密；在事業發展中，一句充滿支持的肯定，能讓夥伴產生更強的行動力。說話的影響力，遠超乎我們的想像。

尤其在這個資訊爆炸的時代，每個人都渴望被理解、被尊重、被支持。如果我們的話語能夠為對方注入能量，那麼我們不僅能影響個人，更能帶動整個環境的正向改變。

你的話語，決定了你的影響力

真正有影響力的人，從來不是聲音最大、說話最多的人，而是能用言語激勵、啟發、支持他人的人。高能量溝通的話語，能夠讓別人產生行動力，而不是壓力；能夠讓對方願意傾聽，而不是抗拒；能夠創造信任，而不是製造距離。

這樣的影響力，不是來自權威，而是來自懂得「說好說暖」的能力。當你說出的話，能夠讓對方感受到價值與可能性，那麼你就能成為一個真正能帶來改變的人。

4-1

開口前的關鍵決定，讓你的影響力立刻翻倍！

幾年前，我舉辦了一場讀書會，當天來了一位從未見過的陌生人——小言。他從進場開始就顯得與其他人有些不同。他一直低頭寫筆記，筆跡密密麻麻，遠超過我們讀書會的內容量。他的專注讓我覺得驚訝，同時也勾起了我的好奇心。

輪到他發言時，他似乎有些緊張，甚至沒有發現大家已經在等待他的分享，直到我們四目相對，他才慌忙地抬起頭，簡單地介紹了自己。

整場讀書會的過程中，他依然持續地記錄著筆記，結束後，我走過去問他：「今天的讀書會還適應嗎？」

小言有些猶豫地點點頭，但我明顯感覺到，他的心裡藏著什麼話沒有說出口。

於是，我接著說：「我看到你寫了非常多筆記，真的很用心。你願意跟我分享你記錄的內容嗎？」

當我說出這句話時，小言的眼神閃爍了一下，他似乎在思考是否該告訴我什麼。幾秒鐘後，他終於開口了。原來，他參加讀書會的目的，並不是為了學習內容，而是來觀摩我們的運作模式。

他計畫舉辦自己的讀書會，但不知道該如何開始，所以他選擇參加我們的活動，希望能學習運作方式，甚至了解我們如何吸引人來參與。他的心境就像是「間諜」一樣，來到「競爭對手」的領域，想吸取經驗，讓自己變得更強。說完後，他有些不安地看著我，彷彿擔心我會因此感到不悅。

但我聽完後，卻微笑著對他說：「太好了！我非常鼓勵你舉辦屬於自己的讀書會。」接著，我毫不保留地分享了我的經驗，包括如何規畫讀書會的流程、如何吸引參與者、如何解決大家不願意來的問題，甚至提供不同形式的優勢與做法，讓他能夠有更多選擇。

小言聽得目瞪口呆，他驚訝地問：「你真的願意告訴我這些嗎？這些不都是你花了幾年才摸索出來的嗎？」他的眼神透露出疑惑——他一直以為我是他的「競爭對手」，但我卻毫不藏私地分享一切，這讓他無法理解。

於是我微笑回答：「**也許你把我當競爭對手，但我把你當作一起推廣閱讀的夥伴。**」「**我希望你可以成功，因為我不只是想辦一個讀書會，而是希望能夠讓更多人愛上閱讀。**」這番話讓他的表情變得柔和，他放下了心中的防備，開始自在地詢問更多細節。而我們的這場對話，也從一場「競爭者之間的較勁」，轉變成共同目標的合作與支持。

案例分析

影響力的關鍵，在於開口前的決定

在這個故事中，小言的心態，與我們許多人在職場、生活中遇到競爭時的反應其實很像——**我們總會覺得，做一樣的事情的人，就是「競爭對手」**。

我們害怕別人學走自己的「核心技能」，擔心自己的優勢被取代，於是選擇封閉資訊，不願意分享，甚至會下意識地防備對方。但這其實是一種「**零和思維**」（Zero-sum thinking），也就是我們以為資源是有限的，如果我給你，就代表我失去了。

然而，這種思維模式有一個致命的問題——**它讓我們的影響力受限，甚至讓我們與真正能夠幫助我們成長的人，變得越來越疏遠**。

影響力翻倍的關鍵：開口前的「立場選擇」

在任何一場溝通開始前，我們都會無意識地做出一個「立場選擇」：

- 我要站在「防備」的角度，還是「信任」的角度？
- 我要將對方視為競爭者，還是合作夥伴？
- 我要爭取個人利益，還是創造雙贏？

這些選擇，將會決定我們接下來的一切對話方向，也決定了我們的影響力是被侷限，還是能夠無限放大。

馬雲曾經說過一句話：「**或許我們都對。**」

當記者問他：「亞馬遜與阿里巴巴，誰的模式才是對的？」

他的回答讓我印象深刻——**世界上許多事情，並不是非黑即白，而是可以共存、共榮的**。

我們常常把競爭對手視為威脅，但如果我們換個角度看，他其實是和我們一起耕耘這個市場的人。真正的競爭，可能是市場環境、是消費者習慣的改變、是我們自身的執行力。

如果我們能夠拉高自己的視角，就會發現——**我們真正的對手，從來都不是眼前的這個人，而是我們自己。**

實用技巧

開口前的三個關鍵技巧，讓你的影響力瞬間提升

如果你想要讓自己的影響力翻倍，從現在開始，在每一次開口前，做出這三個關鍵決定。

❶ 設定「雙贏心態」，讓對話變得更順暢

舊模式（零和思維）：「如果對方變強，我就會變弱。」

新模式（雙贏思維）：「如果對方變強，我的影響力也會提升。」

當你願意放下防備，把對方視為可以一起成長的夥伴，你的溝通將會變得更具吸引力。人們願意靠近那些願意分享、願意成就別人的人，而這正是影響力的來源。

❷ 先問自己：「這場溝通，我想要的核心結果是什麼？」

很多時候，溝通會變得混亂，是因為我們並沒有先想清楚自己「真正想要的結果」。

問自己這三個問題：

1. **這場對話的最終目標是什麼？**（建立關係、傳達資訊、解決問題？）

2. 我希望對方帶著什麼感受離開這場對話？（被支持？被尊重？）

3. 我怎麼做，才能讓對話朝這個方向發展？

這樣的思考方式，能夠讓你避免溝通中的「**情緒干擾**」，讓你的話語更具影響力。

❸ 掌握「先給予，後影響」的黃金法則

當你願意先給予價值，你就會自然而然地成為「值得信任的人」。而影響力的本質，正是信任。在每一次溝通前，問自己：

- 我可以給對方什麼有價值的資訊？
- 我可以幫助對方解決什麼問題？
- 我可以怎麼讓對方覺得這場對話是值得的？

先給予價值，影響力就會自然提升。

結語：影響力，來自於你願意讓對話變得更有價值

開口前的決定，將決定你的影響力。當你選擇信任、選擇創造雙贏，你的影響力將會無限擴大。

哲維溫暖

\\\ 對您說 ///

心裡想着：「我能為對方做些什麼？」這樣純粹的付出，蘊含著高能量。當你持續在利他的過程中前行，圓滿的結果自然會隨之而來。當你願意為別人點亮一盞燈，你也會因此擁有更多光芒，因為真正的溫暖，總會以最美好的方式回到你身上。

4-2 從資訊傳遞到情感共鳴，讓你的話語深入人心

「我是不是做錯了？」電話那頭，小安的聲音顯得疲憊又無助。這句話背後，藏著她對未來的不確定，對家人的愧疚，還有對自己的懷疑。

事情要從幾個月前說起。

小安一直想擺脫傳統服務業的輪班生活，因為這樣的工作型態讓她無法好好照顧孩子。然而，當她嘗試轉換跑道時，卻發現市場上週休二日的工作機會有限，而且薪水普遍不高。於是，她決定學習美容技術，自己創業開設美容室，一邊工作，一邊兼顧家庭。

這是一個聽起來充滿希望的決定，但現實卻遠比她想像中的困難。起初，她以為只要有技術、用心服務，客人就會源源不絕。但開店後，業績並沒有達到預期，市場競爭激烈，還得面對各種經營上的挑戰。

更讓她煎熬的是，家人從一開始就不太支持她創業，現在看到業績不佳，更是不斷質疑她的選擇：「你看吧，我早就說過這條路很難走！你還是不適合做生意！」

自我懷疑的聲音越來越大，家人的反對聲音也逐漸加重，這讓她陷入無止境的焦慮與內耗。她開始懷疑，自己當初的決定到底是不是錯的？自己是不是不適合創業？是不是該放棄？

她找到我，問我：「**該怎麼樣讓自己建立自信？**」

案例分析　資訊VS情感，真正能夠改變人的是什麼？

如果今天，有人問你：「該怎麼建立自信？」大多數人可能會直接提供一些知識型的建議：

- 「每天對著鏡子鼓勵自己！」
- 「多參加一些成就感高的活動！」
- 「記錄自己的進步，慢慢累積信心！」

這些建議都沒有錯，但對小安來說，這並不是她真正需要的答案。

所以，我沒有急著告訴她「該怎麼做」，而是反過來問她幾個問題，試圖找出她內心真正的卡點：「你覺得自己是因為沒自信，所以創業不順利嗎？」

小安沉默了一下，回答：「不是……是因為業績不好，我才開始懷疑自己。」

「那你覺得，家人對你的質疑，會因為你的自信增加而改變嗎？」

她想了想，苦笑了一下：「……不會吧？」

「所以，你真正困擾的，不是該怎麼建立自信，而是該怎麼面對家人的質疑，還有自己對結果的不確定？」

這時候，小安的眼淚忍不住流下來了。

「對，我覺得自己好像讓家人失望了……我很想證明自己，但現在這個結果，我真的不知道怎麼面對他們。」

你看，問題的本質根本不是「缺乏自信」，而是「家人的期待」與「結果的不確定性」正在壓垮她。如果這時候，我還是在跟她講如何「提升自信」，那無疑是用錯誤的藥來治錯誤的病。

實用技巧

如何讓話語真正深入人心？三個溝通技巧

這場對話讓我深刻體會到，**真正能幫助別人的，不是提供資訊，而是讓對方產生情感共鳴，找到屬於自己的答案。**

如果我們希望自己說的話能夠觸動人心，而不只是資訊的輸出，那麼我們需要掌握以下三個關鍵技巧：

❶ 先同理對方的感受，而不是急著提供解決方案

當我們看到別人遇到問題時，很多人會**第一時間提供建議**，因為我們以為「幫助」的方式就是「給出解法」。但實際上，**對方可能還沒有準備好接受解決方案**，甚至他根本不確定自己的問題是什麼。

〇正確做法

- **先確認對方真正的困擾點，而不是直接給答案。**
- **用問題引導對方說出自己的感受，而不是只講道理。**
- **讓對方感覺到被理解，而不是被指導。**

在小安的例子裡，如果我一開始就說：「你要學會正向思考！」那麼她大概只會更沮喪，因為這句話完全無法解決她內心的痛苦。

❷ 把「資訊傳遞」變成「故事與對話」，讓人更容易接受

如果我們只是在「講道理」，對方很容易會覺得我們在「教訓」他，或者他會覺得這些知識跟自己沒關係。

但如果我們**透過故事與對話來呈現觀點**，對方會更容易接受，因為他會覺得自己不是被說服，而是自己發現了答案。

〇 正確做法

- **舉例分享自己的經歷，而不是只講概念。**
- **用提問引導對方自己思考，而不是直接給出答案。**
- **讓對話變得有溫度，而不是冷冰冰的資訊輸出。**

在小安的對話中，我沒有直接告訴她「應該怎麼做」，而是分享了自己曾經面對類似情境的經驗，並用提問的方式讓她自己釐清問題的本質。這樣的對話，才能真正觸動她的內心，讓她願意接受新的想法。

❸ 幫助對方找到「自己可以控制的事情」，減少無謂的焦慮

很多時候，人會陷入焦慮，是因為他把太多自己無法控制的事情放進考量，導致壓力爆棚。

○正確做法▼

- **區分「可以控制」與「無法控制」的事情，幫助對方專注在可行的部分。**
- **引導對方找到可以採取的第一步行動，而不是讓他困在情緒裡。**

對小安來説，她真正的問題不是「如何建立自信」，而是如何面對家人的期待與業績的不確定性。所以，我幫助她釐清：

- **家人對她的態度，並不完全取決於她的業績，而是取決於她的態度與決心。**
- **她不能控制市場的變化，但可以控制自己如何面對挑戰。**
- **她無法讓每個人都支持她，但可以決定自己是否願意堅持下去。**

當她明白這一點，她開始從「糾結於家人的評價」轉向「專注在自己能夠做的事情」，內心的壓力也逐漸減少。

真正深入人心的話語，是讓對方自己找到答案

我們的話語，能夠改變一個人的內心，並不是因為我們説得多有道理，而是因為**對方**

感受到理解，並願意自己去思考與行動。從今天開始，當你在與人溝通時，不妨試著：

- **先同理對方，而不是急著提供建議。**
- **用故事與提問，而不是生硬的資訊輸出。**
- **引導對方找到可行的行動，而不是困在焦慮裡。**

當我們開始這樣溝通，我們的話語將不再只是資訊的傳遞，而是**真正能夠觸動人心，讓對方產生共鳴與行動的力量。**

4-3 如何讓對方主動接受你的觀點，而不是被說服？

不久前，我和好朋友小嘉約了下午茶，一起聊聊近況。他興奮地跟我分享，自己想要開始錄製Podcast，把他的生活經驗、專業知識，以及對世界的思考，透過聲音傳遞給更多人。

聽到這個消息，我真心為他開心！因為我知道他是一個有溫度、很有故事的人，他的分享一定能夠帶給聽眾啟發。我當下就想著該如何幫助他，讓他的計畫更順利進行。

我們約定下一次見面時，正式討論Podcast的籌備細節，規畫如何開始。

然而，當我們再次見面時，小嘉的神情卻變了。他的眼神不再閃爍著興奮，而是帶著遲疑和無奈。我察覺到他的不對勁，正想開口問時，他卻先說了：「謝謝你願意花時間幫助我，但……我想我還是不適合做Podcast。」

我愣了一下，問他：「為什麼突然這麼說？」

接著，小嘉開始向我列出一連串的原因：

- 他的朋友曾經嘗試錄製Podcast，但後來放棄了，覺得浪費時間，沒什麼意義。
- 網路上有很多人說Podcast市場已經飽和，現在開始做已經太晚了。
- 他查了很多資料，發現要錄Podcast需要專業的設備、錄音室、強大的剪輯能力、完整的腳本，這些都讓他感到壓力很大。
- 他認為自己沒有那麼多時間去學習這些技術，既然無法做到完美，那還不如乾脆不要開始。

聽完他的原因後，我才明白。

因為當一個人從極度興奮變成完全放棄，這種劇烈的轉變，通常不是因為突然不想做，而是因為遭遇了阻礙——可能是別人對他的影響、他自己的內心擔憂，或者是他過度預測未來的困難，導致自己陷入焦慮，最終選擇放棄。

如果此刻，我選擇強行說服他：「你應該堅持下去！」、「這真的很值得做！」、「不要這麼快就放棄！」

那麼這場對話的結局，十之八九會變成「爭論」。但我沒有這麼做，因為我知道，**真正能讓他行動的，不是「說服」，而是「讓他自己想通」**。

案例分析

從「被說服」到「主動接受」，關鍵在於什麼？

我決定換個方式，先不急著告訴小嘉應該怎麼做，而是一步一步引導他去探索自己的內心。

1. 找出「關鍵焦慮點」，而非反駁他的理由

我先問他：「**你是不是覺得，既然要做，就要做到最好？**」

他點頭：「對啊，如果要做，當然不能隨便。」

我再問：「**但你覺得做到最好，已經超出你的能力範圍了？**」

他又點頭：「沒錯……光是想到那些設備、剪輯，就覺得壓力很大。」

我繼續：「所以，你認為當一件事超過你的能力範圍時，你應該選擇放棄，而不是從簡單的地方開始？」

他沉默了一下，然後說：「好像……也不一定啦。」

這時候，我已經讓他開始對自己的思考模式產生懷疑。

2. 一步一步釐清真正的問題，而不是急著解決

接著，我問：「如果你最擔心的是設備、錄音室的費用，這個問題能夠解決的話，你還會想做嗎？」

他說：「嗯……如果這個問題不存在的話，我應該會更願意嘗試。」

「那麼，剪輯的問題呢？如果有人可以幫助你，或者一開始用簡單的方式進行，你還有什麼其他的擔憂？」

他想了一下，說：「其實……這部分應該可以學，沒那麼可怕。」

「所以，真正讓你卻步的，並不是錄音設備或剪輯，而是你認為這一切都太難，所以才覺得還不如不要開始？」

他點點頭，眼神開始放鬆了一些。

3. 讓對方「自己發現」行動的可能性

當我釐清了他的真正擔憂後，我才說：「如果這些問題都能夠被解決，而你可以用很輕鬆的方式開始，你會願意嘗試嗎？」

他毫不猶豫地回答：「當然好啊！」

於是，我才開始提出解決方案，分享怎麼樣可以用最簡單的方式開始，而不會感到負擔過重。

結果呢？他不僅沒有再提放棄，還馬上約了下一次的討論時間，確認如何開始進行。

實用技巧

三個實用技巧，讓對方「主動接受你的觀點」

這場對話的關鍵不在於我「說服」了他，而是**讓他自己想通、自己選擇行動**。

你可以發現，我從頭到尾沒有告訴他：「你應該怎麼做。」而是透過提問、引導、釐清焦慮，讓他找到自己的答案。

那麼，在溝通時，我們要如何避免「強行說服」，而是讓對方自願接受你的觀點呢？

❶ 先找出對方的「關鍵焦慮點」，而不是急著反駁

當對方拒絕一件事時，通常是因為他內心有某種焦慮。如果我們直接反駁，對方只會變得更防備。

○正確做法▼

- 「你最擔心的問題是什麼？」
- 「如果這個問題解決了，你還會想做嗎？」

當你讓對方自己說出「真正的焦慮點」，就更有機會幫助他找到行動的方法。

❷讓對方自己說出「可能的解法」

如果直接告訴對方該怎麼做，對方可能會覺得被「說教」，不容易接受。

○正確做法▼

- 「如果這個問題可以簡單解決，你會願意試試嗎？」
- 「如果有更輕鬆的方法，你會不會覺得容易一些？」

這樣能讓對方自己意識到：「其實，我還是有辦法可以嘗試。」

❸引導對方做出決定，而不是強行推動

當對方自己說出「好像可以試試」，這時候再提出方案，他的接受度會高很多。

○正確做法

◆「如果這些擔憂都能解決，你願意試試看嗎？」

◆「你覺得什麼方式對你來說最容易開始？」

這種方法可以**讓對方覺得「這是他自己的決定」，而不是被逼著去做**。

真正有影響力的溝通，不是讓對方屈服，而是讓對方心甘情願

當我們停止「說服」，開始「引導」，讓對方自己發現行動的可能性，那麼溝通就不再是壓力，而是一場真正的交流與合作。

學會這個技巧，你將能夠影響更多人，讓對話變得更有價值，也讓對方願意**主動接受你的觀點，而不是被迫接受**。

哲維溫暖

\\\ 對您說 ///

看穿別人的目的，不是為了擊垮對方，而是為了幫助他減少焦慮，並更順利達成目標。當我們出自善意與真心，他人也會更願意敞開自己，讓彼此的連結更加深厚。

4-4

用故事抓住注意力，讓你的表達更具吸引力

愛瑞克曾在彰化舉辦了一場主題演講《加速實現內外在成就》，而我則受邀擔任這場活動的分享嘉賓。這場活動的重點內容，愛瑞克早已準備得十分完整，他會透過清晰的理論和案例來幫助大家建立對這個主題的理解。我的任務則是補充見證與真實故事，讓大家不僅「理解」，還能夠「感受」，讓這些概念變得更生動，真正進入大家的內心。

這讓我想到自己剛開始說書的時候，曾經發生的一段讓我印象深刻的經歷。當時，我特地搭著高鐵北上，滿心期待地準備了一場說書活動。我以為會有很多人來，結果到了現場，卻只有一個人報名。

一個人！

當下，我內心的第一個反應是：「是不是該取消？」但我轉念一想，這一個人也是特地抽空來的，他值得擁有一場完整的說書分享，而不是因為人數太少就被忽略。

於是，我決定無論人數多少，**都要全力以赴**。這個決定，讓我意識到——**你對事情的**

態度，決定了別人如何看待你。

後來，隔壁桌的客人還以為我是家教，因為他們看到我在很認真地分享，而對方也很專心地聆聽。這場只有「一個聽眾」的說書會，讓我學會了堅持，不論台下有多少人，都要用最大的誠意分享最好的內容。

我開始錄製Podcast，這個契機同樣來自於一個小小的請求。當時，我發現我的說書學員大多是女性，而且許多都是母親。有一次，有人來跟我說：「我下次可能沒辦法來聽課，你可不可以錄起來？我願意付費購買。」

這句話讓我靈光一閃。如果有人願意付費來聽，那是不是代表這樣的內容真的有價值？

於是，我決定把內容錄製下來，一開始，我只是單純地放在Google雲端硬碟，但後來發現很多人打不開這些檔案。為了讓更多人能夠方便收聽，我研究了更好的方法，最後選擇把內容放上Podcast和YouTube，讓大家可以隨時隨地收聽，甚至免費獲取知識。

這兩段經歷，我在彰化的活動中分享給台下的觀眾，結果收到了非常熱烈的回應。這讓我再次印證了一個道理：「**人們喜歡聽故事，而不是聽道理。**」

案例分析

為什麼故事能抓住注意力，而道理卻往往被忽略？

我們日常生活中，經常需要向別人傳達一些觀念，例如：

- **團隊領導者**，想讓員工更有責任感
- **家長**，想讓孩子學會珍惜資源
- **創業者**，想讓顧客理解自己品牌的價值

但是，很多時候，當我們講「道理」時，對方並不會真正聽進去。舉個例子，當你對孩子說：「你要珍惜食物，因為浪費是不對的。」

這句話，孩子聽得進去嗎？可能他表面點點頭，但內心並沒有產生共鳴。但如果你換成這樣的說法：「媽媽小時候有一次，學校的午餐剛端到手上，結果不小心打翻了。那一天，我真的餓了一整個下午，因為沒有多的便當可以補充。從那之後，我學會了要珍惜每一餐，因為並不是每一次都有機會可以再吃到。」

這樣一來，孩子會更容易記住，因為**他能夠感受到情境，而不只是聽到道理**。

為什麼故事比道理更有效？

1. **故事讓人產生畫面感**

◆當你聽到一個故事時，你的大腦會開始構建畫面，就像在看一部電影一樣。這比單純的說理更容易留下深刻印象。

2. **故事帶有情感，容易讓人共鳴**

◆人們會因為情感而行動，而不是因為理性。故事能觸動人心，讓人願意採取行動。

3. **故事能讓觀點變得具體，而不是抽象的概念**

◆直接說「創業很辛苦」是一個抽象的概念，但如果你講述一個具體的創業故事，對方會更能理解其中的挑戰與努力。

實用技巧

讓你的故事更具吸引力的3個關鍵技巧

❶ 用「場景描寫」讓聽眾有畫面感

一個好的故事，不只是單純描述事件，而是要讓聽眾「看見」這個故事。

✕避免這樣說▸「我剛開始說書時，人很少，但我還是堅持下去。」

○改成這樣說▸「那天，我特地搭了高鐵上台北，心裡期待著會有很多人來，結果到了現場，發現只有一個人坐在角落。我深吸了一口氣，告訴自己：就算只有一個人，也要把這場說書做到最好！」

這樣一來，聽眾不只聽到了你的故事，還能夠「看到」你的經歷，甚至感受到你的情緒。

❷ 讓故事帶出「情感轉折」，增加張力

故事的魅力在於，它不只是講述一件事情，而是讓聽眾體驗到從低潮到突破的過程。

範例：

「當我發現現場只有一個人時，我的內心一度掙扎，覺得自己是不是該取消。但後

來，我決定：既然這個人願意來，我就要全力以赴。當我開始分享時，我發現這位聽眾聽得非常專心，甚至在筆記。我才明白，不論觀眾多少，**真正的價值不是在數字，而是每一次的用心付出。**」

這樣的故事結構，能夠讓人跟著你的情緒起伏，而不是只是平鋪直敘地敘述事件。

❸ 在故事結尾帶出一個「行動啟發」

一個好的故事，應該讓聽眾聽完後有一個行動上的啟發，讓他們不只是感動，而是願意採取行動。例如，在演講結束時，我會這樣總結：

「今天的分享，不是要告訴你成功有多容易，而是想讓你知道：只要你願意開始，你的故事就值得被聽見。也許現在的你，還在掙扎是否該邁出第一步，但請記住，每一個成功的開始，都來自於不放棄的選擇。」

這樣，故事不僅讓人印象深刻，更讓人願意行動。

會說故事的人，才能真正影響人

從今天開始，當你想要傳遞觀念時，不要只是講道理，而是試著用故事來打動人心。

◆ 描述場景，讓人產生畫面感

- ◆ **帶入情感轉折，讓故事有張力**
- ◆ **結尾帶出行動啟發，讓人願意行動**

當你的話語不再只是資訊的傳遞，而是能夠產生情感共鳴時，你的影響力也將會大幅提升！

哲維溫暖
\\\ 對您說 ///

所有經歷過的挫折，都有機會成為鼓舞他人的故事。人們並非不懂道理，而是需要看到一個真實而振奮人心的奮鬥歷程，讓他們相信自己也能做到。當我們用這樣的角度看待每一件事，世上便沒有白白發生的壞事，只有成就我們與他人的契機。

4-5

打造個人溝通風格，讓每一次表達成為你的影響力

溝通，是一種影響力的展現。每一次對話、每一次分享，都是塑造自己個人品牌的機會。然而，真正具有影響力的溝通，不是來自於刻意模仿別人，而是找到最適合自己的風格，讓你的表達不僅具說服力，還能打動人心。

在資訊爆炸的時代，每個人都在說話，但不是每個人都能被聽見。那些能夠讓人印象深刻、願意傾聽的人，往往有一個共通點——他們擁有獨特的溝通風格，而這種風格，來自於對自身價值的認知、對溝通目標的清晰定位，以及對影響力的長期積累。

今天，我想透過我的親身經歷，帶你一起思考：還記得剛開始學習演講時，我充滿熱情，認為只要學得夠多，就能成為一位優秀的講者。於是，我開始大量參與各種講座，聆聽各種知名演講者的分享，試圖從中學習他們的技巧。

一開始，我覺得收穫滿滿，每場演講都有新的見解，每位講者都有獨特的風格，讓我驚嘆不已。但隨著時間的推移，我發現了一個問題——**我變得越來越像別人，而不像自

己。

當我站在台上時，我的話語充滿了練習過的話術，語調、手勢甚至是幽默的方式，都像是拼湊而來的。**雖然技巧很完整，但我卻感覺不到自己的存在**。甚至，在演講結束後，我會懷疑自己：「這真的是我想說的嗎？還是只是套用了別人的成功模式？」

這個問題困擾了我一段時間，直到有一次，我鼓起勇氣問自己：「**我為什麼要說話？**」當我開始反思這個問題，我才意識到，我一直在學習「怎麼說」，卻從未真正思考「**為何而說**」。

案例分析

你的溝通風格，來自於你的目的

我們之所以說話，是為了傳達我們的想法、影響他人，甚至改變世界。但如果沒有清楚的目的，我們的溝通就只是語言的堆砌，沒有靈魂，也沒有力量。來看看這兩種截然不同的溝通風格：

1. 為了「贏」而說話：攻擊性強、氣勢凌人

有些人認為，溝通的目標就是要說服對方，甚至讓對方無法反駁。這樣的說話方式往往帶著強勢的語氣，目的是「贏得辯論」，而非「建立共鳴」。這類型的人擅長用數據、邏輯來壓倒對方，讓對方不得不接受自己的觀點。

這樣的風格雖然有效，但它的代價是：**對方可能不會真正接受，而只是選擇沉默。**換句話說，你可能贏了爭論，但卻輸掉了人心。

2. 為了「雙贏」而說話：溫暖、有力量

另一種溝通風格，則是**以理解為前提**，目標不是爭輸贏，而是達成共識，創造雙贏。

這樣的溝通者，在表達時不會急著證明自己是對的，而是願意傾聽對方的想法，理解對方的顧慮，然後再提出讓彼此都能接受的解決方案。

這種風格帶來的影響力，往往更長遠，因為它能建立信任，讓對方發自內心地接受你的觀點。那麼，**你的溝通目標是什麼？**

如果我們沒有釐清自己的目標，那麼所有的溝通技巧都是徒勞的。所以，在你開口說話前，先問自己：「**我為什麼要說這些話？**」當你清楚自己的目的，你的溝通風格就會自然浮現。

實用技巧

打造個人溝通風格的3個關鍵技巧

想要讓你的表達更具影響力，你需要的不只是技巧，而是建立自己的溝通風格。以下三個技巧，能夠幫助你更有系統地塑造你的獨特表達方式。

❶ 建立你的「核心價值」，讓你的話語有靈魂

每個人的溝通風格，應該來自於個人價值觀。如果你說的話，與你的價值觀不符，那麼無論你的表達多流暢，聽眾都會感覺到違和感。試著問自己：

- **你最在乎的價值是什麼？**
- **你希望透過你的話語，帶給世界什麼影響？**
- **當別人回憶起你的發言時，他們會用什麼詞來形容你？**

當你能夠清楚自己的核心價值，你的話語自然會更具說服力，因為它是真誠的、發自內心的，而不是為了取悅他人。

❷ 找到你的「個人表達方式」，讓你的溝通更自然

我們常常看到那些魅力十足的演講者，他們的說話方式令人著迷。但事實是，**每個人都有適合自己的溝通風格**，你不需要變成別人，才能擁有影響力。

- 如果你擅長**講故事**，就用故事來傳遞你的觀點。
- 如果你擅長**邏輯分析**，就用清晰的結構來說服對方。
- 如果你擅長**幽默**，就讓你的表達更有趣，讓對方更容易接受。

重要的是，找到一種讓你說得舒服、對方聽得輕鬆的方式，這樣你的表達才會自然、

有魅力。

❸用「情感共鳴」，讓你的話語打動人心

影響力強的溝通者，不只是提供資訊，而是能夠**讓對方產生情感共鳴**。你可以透過：

- ◆**加入個人故事：**故事比道理更能讓人產生共鳴。
- ◆**使用具體畫面：**比起說「我們需要改變」，不如說「想像一下，一年後的你，站在夢想的舞台上……」
- ◆**放慢節奏，創造停頓：**讓對方有時間消化你的話語，而不是一股腦地輸出資訊。

當你的話語能讓對方「感受」到，而不只是「理解」到，那麼你的影響力將倍增。

影響力來自於做自己

溝通的真正力量，不在於話術或技巧，而是**你是否能夠真誠地表達你的信念**。

當你找到自己的溝通風格，你的話語將不再只是資訊的傳遞，而是影響力的延伸。當你不再試圖迎合所有人，而是堅持自己的價值，你的聲音將更具力量。

下一次當你準備開口時，先問自己：「**我為什麼要說這些話？**」當你找到答案，你的話語，將真正深入人心。

哲維溫暖
\\\ 對您說 ///

人生中能夠有榜樣在前方引領，是一件幸福的事，因為我們可以朝著同一個方向前進，從中學習與成長。同時，我們仍能保有自己的獨特性，將這份啟發與個人特質融合，最終塑造出更完整、更獨一無二的自己。

工具箱

這是關於「高能量溝通核心第三步——說得好」的工具箱，能讓你真正掌握如何把話說得清楚，同時彼此自在舒服。以下是五個獨特且強大的「說好話語」溝通工具，每個工具都包含核心概念、如何使用、使用時機、實際使用情境舉例、關鍵技巧及練習題！

工具①：「FBI溝通法」——讓你的建議不再被反駁

【核心概念】

在日常生活與職場中，我們常常需要向他人提供建議或請求他們改變某些行為。然而，當我們直接批評或指責對方時，對方往往會立刻產生防衛心，甚至反駁，最終導致溝通無效，甚至關係緊張。

「FBI溝通法」（Fact事實、Belief信念、Impact影響力）是一種能夠降低對方防備心、提升接受度的溝通方式。這個方法能讓你的話語更具說服力，同時讓對方感受到你的尊重，願意聆聽並思考你的建議，而不是本能地拒絕。

這個技巧的關鍵在於三個步驟：

1. F（**事實Fact**）：先陳述客觀事實，避免主觀判斷。
2. B（**信念Belief**）：表達你的價值觀，讓對方理解你的立場。
3. I（**影響Impact**）：指出對方行為所帶來的影響，讓他知道為何需要改變。

透過這個結構化的溝通方式，對方會比較容易接受你的觀點，而不是感覺自己被批評或指責。

【如何使用】

步驟1：先陳述「事實」（Fact）

許多溝通問題的根源在於「意見」與「事實」的混淆。我們往往會帶著個人情緒直接指責對方，而這樣的做法很容易讓對方產生防衛心理。因此，第一步是用客觀、可觀察的事實來開場，而不是情緒化的評價。

✕錯誤示範▸（情緒化評價）

- ◆「你老是遲到，這樣很不負責任！」
- ◆「你根本沒在乎這件事，隨便應付！」

這些話會讓對方立刻產生防備心，導致爭論升級。

○正確示範▼（F：事實Fact）

◆「這週的會議，你遲到了三次。」

◆「這個月，你有五天沒有按時完成報告。」

這樣的表達方式讓對方無法反駁，因為這是客觀存在的事實，而不是你的個人情緒。

步驟2：表達你的「信念」（Belief）

第二步是讓對方知道你的立場與價值觀。這一步的目的是讓對方理解，這並不是單純的抱怨，而是基於你的價值觀來表達對事情的看法。

✕錯誤示範▼（純粹指責）

◆「我真的受夠了你這種態度！」

◆「你到底有沒有責任感？」

這些話語只會激起對方的反抗，而不是引導對方理解你的立場。

○正確示範▼（B：信念Belief）

◆「我相信準時開會可以讓團隊運作更順利。」

◆「我覺得清楚的報告能幫助我們更好地做決策。」

這樣的說法讓對方明白，這並不是你個人的情緒發洩，而是基於你對事情的價值觀來進行溝通。

步驟3：說明「影響」（Impact）

第三步是讓對方清楚知道，他的行為帶來了哪些影響。這一步的關鍵是讓對方明白行為的後果，而不是單純地指責。

✕錯誤示範▶（純粹責備）

◆「你這樣真的很影響大家！」

◆「你總是這樣，害我們很麻煩！」

這些說法沒有具體指出影響，對方聽起來只會覺得你在責備他，並不會真正理解問題。

○正確示範▶（I：影響Impact）

◆「當大家都準時，而你遲到時，會影響團隊效率，也讓我們難以分配任務。」

◆「當報告沒有準時交出來，會讓我們無法準確決策，影響整個專案進度。」

這樣的表達方式能讓對方理解自己的行為會帶來的影響，而不是讓他覺得你在針對他個人。

【使用時機】

1. 當你希望對方改變行為，但又不想讓對方覺得被批評時

適用場景：

- 團隊成員總是遲到，影響會議進行。
- 你的伴侶總是忘記一些重要的事情。
- 你的朋友經常放你鴿子，但你不想讓關係變尷尬。

2. 當你希望讓對方接受你的建議，而不是直接反駁時

適用場景：

- 向老闆提案，想讓老闆接受你的想法。
- 想說服客戶購買你的產品。
- 想鼓勵朋友或家人改變生活習慣。

【實際使用情境舉例】

情境1：與同事溝通遲到問題

✕錯誤說法▸（直接指責）：「你總是遲到，這樣真的很不專業！」

○FBI溝通法▶（有效溝通）：

◆F（事實）：「這週的會議，你遲到了三次。」

◆B（信念）：「我相信準時開會可以讓團隊運作更順利。」

◆I（影響）：「當大家都準時，而你遲到時，會影響團隊效率，也讓我們難以分配任務。」

這樣的說法讓對方理解問題，而不是直接引起對抗。

情境2：與家人溝通

✕錯誤說法▶（情緒性批評）：「你總是把家務丟給我，這樣很不公平！」

○FBI溝通法▶（有效溝通）：

◆F（事實）：「這個星期的家務，八十%都是我在做。」

◆B（信念）：「我相信家務是我們共同的責任。」

◆I（影響）：「當我獨自承擔這些事情時，我會感覺壓力很大，影響我們的相處品質。」

這樣的說法讓對方更容易理解你的感受，而不是覺得自己被指責。

【關鍵技巧】

關鍵技巧1：避免主觀評價，專注於客觀事實。

關鍵技巧2：用「我認為」「我相信」來表達信念，避免讓對方覺得被命令。

關鍵技巧3：指出具體影響，而不是只批評對方。

關鍵技巧4：用平和的語氣，而不是憤怒或帶有情緒的語氣。

關鍵技巧5：結束時可以加上一個開放性的提問，例如「你怎麼看？」來引導對方思考。

這三道練習題將幫助你練習「FBI溝通法」，讓你能夠用事實（Fact）、信念（Belief）、影響（Impact）的方式來表達建議或請求，避免對方產生防衛心，提高溝通的影響力。

【練習題】工具1：「FBI溝通法」

練習題1：職場管理

情境描述：你是團隊的主管，最近發現一位同事小美經常在會議上滑手機，導致她錯過了重要資訊，甚至在需要她發言時，她無法立即回應，影響了團隊討論的效率。你希望讓她意識到這個問題，但又不想讓她覺得自己被批評或針對。

請使用「FBI溝通法」完成以下句子：

1. **事實（Fact）**

◆ 你觀察到的客觀現象是什麼？避免使用「你總是」「你從來沒有」這類容易引發防衛心的詞語。

◆ 請寫下你的「事實」陳述句，例如：「＿＿＿＿。」

2. **信念（Belief）**

◆ 你認為這件事情為什麼重要？你的價值觀是什麼？

◆ 請寫下你的「信念」句子，例如：「＿＿＿＿。」

3. **影響（Impact）**

◆ 這個行為對團隊或整體工作流程會造成什麼影響？

◆ 請寫下你的「影響」句子，例如：「＿＿＿＿。」

練習題2：人際關係

情境描述：你的伴侶最近總是在忙工作，很少有時間與你溝通，每當你想要分享自己的事情時，他／她總是匆匆回應，甚至有時候只是敷衍點頭，讓你感覺自己不被重視。你希望表達你的感受，但又不想讓對方覺得你在抱怨或指責。

請使用「FBI溝通法」完成以下句子：

1. 事實（Fact）

- 你觀察到的客觀現象是什麼？請用具體的例子，而不是情緒化的抱怨。
- 請寫下你的「事實」陳述句，例如：「＿＿＿＿＿。」

2. 信念（Belief）

- 你對這段關係的期望是什麼？你希望彼此的互動方式是怎樣的？
- 請寫下你的「信念」句子，例如：「＿＿＿＿＿。」

3. 影響（Impact）

- 這種狀況對你的感受、關係的品質會產生什麼影響？
- 請寫下你的「影響」句子，例如：「＿＿＿＿＿。」

練習題3：創業與客戶溝通

情境描述：你經營一家線上事業，最近有一位客戶承諾要付款，但一直拖延，你已經多次提醒，但對方仍然沒有確實完成付款。你不想直接催促，而是希望用更有效的方式，讓對方意識到及時付款的重要性，並促使他行動。

請使用「FBI溝通法」完成以下句子：

1. 事實（Fact）

- 你要描述的現象是什麼？請用具體、可量化的方式，而不是單純的抱怨或指責。
- 請寫下你的「事實」陳述句，例如：「______。」

2. 信念（Belief）

- 你對商業合作或客戶關係的價值觀是什麼？為什麼這件事很重要？
- 請寫下你的「信念」句子，例如：「______。」

3. 影響（Impact）

- 這種拖延付款的行為對你的業務或客戶關係可能造成哪些影響？
- 請寫下你的「影響」句子，例如：「______。」

這三道練習題，涵蓋職場管理、人際關係、創業與客戶溝通三個關鍵領域，幫助你練習「**FBI溝通法**」，讓你能夠：

- 以客觀事實開場，減少對方的防衛心。

◆ 透過表達自己的信念，讓對方理解你的立場。

◆ 指出具體影響，讓對方明白為何需要改變。

「FBI溝通法」是一種強大的溝通工具，能夠幫助你在表達自己的同時，不讓對方感受到壓力或防備，從而讓對方更容易接受你的建議。無論是在職場、家庭還是朋友之間，這種溝通方式都能讓你的表達更具影響力，真正做到「說好說暖，讓他能量滿滿」！

工具②：「3W＋H故事法」——讓你的話語變得更具吸引力

【核心概念】

人類與生俱來就對「故事」有天生的興趣。從古代的神話、寓言，到現代的電影、小說，故事能讓我們產生共鳴，感受到情緒，並且記住其中的意義。而在溝通中，單純講道理，對方往往聽過就忘；但透過故事，卻能讓對方自然而然接受你的觀點，甚至內化成自己的想法。

這就是「**3W＋H故事法**」的強大之處——它能讓你的話語充滿吸引力、影響力，甚至讓對方產生深刻共鳴。這個方法的關鍵在於四個元素：

1. **Who（誰）**——介紹故事的主角，可以是自己、朋友、知名人物或虛構角色。

2. What（**發生了什麼**）——描述故事中的衝突、挑戰或問題。

3. Why（**為什麼重要**）——解釋這個故事的意義，讓聽眾明白它的價值。

4. How（**如何解決**）——提供解決方案或轉折點，讓故事產生啟發。

這種結構讓你的話語變得像一場精彩的電影，而不是一場無趣的講道理。

【如何使用】

步驟1：選擇適合的主角（Who）

故事需要一個「主角」，這個主角可以是你自己、朋友、客戶、知名人物，甚至是寓言角色。選擇主角時，請確保這個人是聽眾能夠產生共鳴的對象。

✕錯誤示範▶（主角過於遙遠）：「亞馬遜的創辦人傑夫．貝佐斯如何如何……」——如果聽眾無法對這個人物產生共鳴，故事的影響力會大大降低。

○正確示範▶（選擇貼近聽眾的主角）：「我有一個朋友，他和你一樣，在創業初期遇到了很大的挑戰……」

這樣的開場方式，能讓聽眾更容易代入情境，產生共鳴。

步驟2：描述衝突、挑戰或問題（What）

故事需要有張力，而「張力」通常來自於一個問題、一個挑戰，或一個衝突。這個部分的重點在於讓對方好奇「接下來會發生什麼？」

✕錯誤示範▼（過於平淡）：「他每天都很努力工作，最後成功了。」

這種說法沒有任何張力，聽眾很快就會失去興趣。

〇正確示範▼（創造張力）：「他創業後，連續三個月沒有任何客戶，銀行存款快見底了，甚至開始懷疑自己是不是做錯決定……」

當聽眾聽到這種描述時，自然會想知道：「那後來呢？」這樣的故事才真正有吸引力。

步驟3：解釋故事的重要性（Why）

在故事的轉折點之前，讓聽眾明白「這個故事為什麼重要」。這一步驟能幫助對方理解這個故事與自己有什麼關聯。

✕錯誤示範▼（沒有明確意義）：「所以呢？這個故事跟我有什麼關係？」

〇正確示範▼（強調價值）：「這段經歷讓我意識到，很多人失敗不是因為不夠努力，而是因為他們沒有找到正確的方法。」

這樣的說法讓故事變得有意義，並引導對方進一步思考。

步驟4：提供解決方案或轉折點（How）

最後，故事應該有一個「解決方案」，這可以是主角學到的教訓、採取的行動，或者得到的結果。這個部分的目的是讓聽眾從故事中學到東西，而不是只是聽一個情節。

✕錯誤示範▶（沒有明確解決方案）：「他後來變得很成功。」

〇正確示範▶（提供明確解決方案）：「他後來發現，與其埋頭苦幹，不如學習如何精準行銷。他開始調整策略，結果短短一個月內，就成功吸引到了第一批忠實顧客。」

這樣的描述能讓聽眾從故事中得到實際的啟發，進而提升你的溝通影響力。

【使用時機】

◆當你希望對方記住你的話時

會議簡報：透過故事讓觀眾更容易記住你的觀點

銷售場合：用故事讓客戶理解你的產品價值

個人品牌：用故事塑造你獨特的風格與專業形象

◆當你希望對方產生共鳴時

團隊激勵：用故事啟發團隊士氣

教育孩子：用故事讓孩子理解重要的道理

社交場合：用故事快速與他人建立連結

【實際情境舉例】

情境1：在職場上推動新計畫

✕錯誤示範▶（單純講道理）：「我們應該採用新的行銷策略，因為這樣會提升銷量。」

〇3W＋H故事法▶（有效說法）

◆ **Who（主角）**：「去年，我的一位朋友在一家小型電商公司擔任行銷主管。」

◆ **What（挑戰）**：「當時他們的銷量一直低迷，老闆已經開始考慮縮減預算……」

◆ **Why（重要性）**：「他們發現，問題不是市場不好，而是他們的行銷方式已經過時了。」

◆ **How（解決方案）**：「於是他們嘗試改變策略，將預算轉向社群媒體內容行銷，結果銷量在三個月內提升了四十％。」

這樣的說法能讓聽眾對你的觀點產生共鳴，而不是感覺自己被「命令」去接受一個道理。

【關鍵技巧】

關鍵技巧1：用「畫面感」讓故事更生動

◆不要只說「他很累」，而是說「他連續熬夜五天，眼睛布滿血絲。」

◆不要只說「他很興奮」，而是說「當他接到好消息時，他差點從椅子上跳起來。」

關鍵技巧2：用對話讓故事更自然

◆「他問我：『這樣真的有效嗎？』我回答：『你試試看，三個月後你會看到結果。』」

關鍵技巧3：結尾引導對方思考

◆「這讓我想到，我們是不是也可以用這個方式來提升自己的影響力呢？」

這三道練習題將幫助你掌握「3W＋H故事法」，讓你的溝通更加生動有吸引力，讓對方更容易記住你的話，並且產生共鳴。

【練習題】工具2：「3W＋H故事法」

練習題1：在職場上推動新計畫

情境描述：你是一位行銷經理，希望說服老闆嘗試一種新的社群行銷策略，但老闆一直認為目前的方法已經足夠，不願意改變。你決定用「3W＋H故事法」來強化你的觀點，讓老闆能夠理解並願意接受你的建議。

請使用「3W＋H故事法」完成以下句子：

1. Who（主角）

- 你要描述的主角是誰？是自己、某個同行，還是某個知名企業？
- 請寫下你的「主角」描述，例如：「________。」

2. What（挑戰）

- 這個主角遇到了什麼挑戰或困境？這部分需要讓聽眾產生興趣，願意繼續聽下去。
- 請寫下你的「挑戰」描述，例如：「________。」

3. Why（為什麼重要）

- 這個故事為什麼值得被關注？它帶出的核心價值是什麼？
- 請寫下你的「為什麼重要」句子，例如：「________。」

4. How（解決方案）

- 這個主角最後是如何解決問題的？解決方案是什麼？
- 請寫下你的「解決方案」句子，例如：「________。」

練習題2：與孩子溝通重要的價值觀

情境描述：你的孩子最近變得有些懶散，對學習沒有熱情，總覺得學校的課業沒什麼用。你希望透過一個故事，來讓他理解「學習的重要性」，但你不想直接說教，而是希望讓他自己從故事中得到啟發。

請使用「3W＋H故事法」完成以下句子：

1. Who（主角）

- 這個故事的主角是誰？是你自己小時候的經歷？還是一位知名的成功人士？
- 請寫下你的「主角」描述，例如：「＿＿＿＿＿。」

2. What（挑戰）

- 這個主角在學習上遇到了什麼困難？這部分要能夠讓孩子產生共鳴。
- 請寫下你的「挑戰」描述，例如：「＿＿＿＿＿。」

3. Why（為什麼重要）

- 這個故事想要傳達的核心價值是什麼？它為什麼對孩子的成長有幫助？
- 請寫下你的「為什麼重要」句子，例如：「＿＿＿＿＿。」

4. How（解決方案）

◆最後，這個主角是怎麼改變自己的？他採取了什麼行動，讓結果變得更好？

◆請寫下你的「解決方案」句子，例如：「＿＿＿＿。」

練習題3：銷售與說服客戶

情境描述：你是一位創業者，經營自己的品牌，最近有一位潛在客戶對你的產品感興趣，但他還在猶豫是否要購買，因為他覺得「這真的值得嗎？」你決定用「3W＋H故事法」來讓他理解這個產品的價值。

請使用「3W＋H故事法」完成以下句子：

1. Who（主角）

◆你要講述誰的故事？是一位滿意的客戶？還是你自己的親身經歷？

◆請寫下你的「主角」描述，例如：「＿＿＿＿。」

2. What（挑戰）

◆這位客戶在購買前遇到了什麼困擾？他有哪些疑慮？

◆請寫下你的「挑戰」描述，例如：「＿＿＿＿。」

3. Why（為什麼重要）

◆這位客戶的問題為什麼值得關注？如果解決了這個問題，會帶來哪些好處？

◆ 請寫下你的「為什麼重要」句子，例如：「＿＿＿＿＿＿＿。」

4. How（解決方案）

◆ 這位客戶最後如何透過你的產品或服務解決問題？他的改變是什麼？

◆ 請寫下你的「解決方案」句子，例如：「＿＿＿＿＿＿＿。」

這三道練習題涵蓋了職場溝通、親子教育、銷售與影響力三個關鍵領域，幫助你練習**「3W＋H故事法」**，讓你的溝通更具吸引力。

「3W＋H故事法」是一種強大的溝通工具，能夠讓你的話語更具吸引力與影響力。與其單純講道理，不如透過故事讓對方自然而然地接受你的觀點，並且記住你的話。

這不僅適用於工作，也適用於日常對話、演講、行銷、甚至親子教育。當你學會了這種方法，你的話語將不再只是資訊，而是讓人難以忘懷的故事！

工具③：「三明治溝通法」——提出建議但不傷害關係

【核心概念】

在溝通中，批評與建議往往是最容易讓人產生防衛心的部分。當我們指出對方的錯誤時，對方很可能會感到被攻擊、丟臉，甚至與我們產生對立情緒，導致建議無法順利傳遞。

「三明治溝通法」就是一種能夠在不破壞關係的前提下，提出改進建議的方法。它的核心結構是：

第一層（肯定對方）：先給對方一個正向的回饋，讓對方感到被認可。

第二層（提出改善建議）：清楚表達可以改進的地方，並提供建設性的意見。

第三層（鼓勵對方）：強調對方的能力，表達對他的信任與期待。

這種方式不僅能降低對方的防備心，讓對方更願意接受建議，同時也能保持良好的合作關係。

【如何使用】

步驟1：先肯定對方的努力或優點

批評前先給予正向回饋，這能讓對方感受到被尊重，而不是被貶低。關鍵是要真誠且具體，不要流於表面的「場面話」。

✕錯誤示範▸（敷衍的稱讚）：「你的報告還不錯啦，不過……」（這種模糊的稱讚，容易讓人覺得只是客套話，防衛心不會降低。）

○正確示範▸（具體的肯定）：「我很欣賞你的努力，這次的報告內容非常完整，條理清晰。」（這樣的表達方式能讓對方真正感受到被認可，為後續的建議鋪墊好的氛圍。）

步驟2：清楚提出改進建議

當我們進入關鍵的「建議階段」，要特別注意兩個原則：

- ◆具體明確，而非模糊批評：直接指出問題，並說明可以如何改善。
- ◆強調未來，而非責備過去：不要把焦點放在「犯錯」，而是放在「如何進步」。

✕錯誤示範▶（帶有責備語氣）：「你的報告數據太少了，這樣不夠專業。」（這樣的批評容易讓對方覺得被否定，甚至會產生「那你來做啊」的反應。）

○正確示範▶（建設性建議）：「如果能再補充一些數據，整體會更有說服力，讓客戶更容易接受我們的提案。」（這樣的說法不會讓對方覺得自己「做不好」，而是給予一條可行的改善方向。）

步驟3：鼓勵對方，增強自信

當對方聽完建議後，內心可能會有些不安，這時候「最後一層三明治」的作用，就是讓對方對自己保持信心，並相信自己能夠做到更好。

✕錯誤示範▶（模糊鼓勵）：「希望你下次別再犯這種錯了。」（這句話帶有威脅意味，讓對方壓力更大，甚至產生逃避心理。）

○正確示範▼（強化信心）：「以你的能力，我相信下次一定能做得更出色！」（這樣的鼓勵能讓對方覺得「我可以做到」，更願意改進。）

【使用時機】

- ◆當你需要給予建議，但又希望對方不會抗拒時。
- ◆當你希望對方在接納建議後，仍然保持自信與動力。
- ◆當你需要對下屬、同事或家人進行指導，但又想維持良好關係時。
- ◆當你在談判或合作過程中，想要影響對方但不破壞互信時。

【實際情境舉例】

情境1：職場溝通（主管對下屬）

✕錯誤示範▼（直言批評，可能影響關係）：「這次的提案內容太瑣碎了，邏輯不夠清楚，改一下吧。」（這樣的說法可能讓對方感覺被否定，甚至產生不滿。）

○三明治溝通法▼（更具影響力的表達）：「你的提案內容很豐富，涵蓋了很多重要資訊，我很欣賞你的用心。如果能再強化一下結構，把重點信息放在前面，客戶會更容易理解。以你的能力，我相信你一定能做到，期待你的調整版本！」

這樣的表達方式，讓下屬既能接受建議，又不會感到被打擊，甚至會更有動力去改進。

情境2：親子溝通（家長對孩子）

✕錯誤示範▶（讓孩子有壓力）：「你數學考這麼低，這樣怎麼行？趕快去補習！」

○三明治溝通法▶（讓孩子更願意努力）：「這次你的作文寫得很好，老師也誇獎你的創意呢！如果能再多花點時間在數學上，相信你的成績一定能大幅提升。你這麼有毅力，爸爸媽媽都相信你一定可以做到！」

這樣的説法，讓孩子感受到肯定，也不會對學習產生排斥感，而是更有信心去提升自己的數學能力。

【關鍵技巧】

關鍵技巧1：確保第一層肯定是「真誠的」，不要只是場面話。

關鍵技巧2：提出的改進建議要具體，讓對方知道該怎麼做。

關鍵技巧3：最後的鼓勵要能增強對方的信心，而不是單純安慰。

關鍵技巧4：避免「先讚美，後嚴厲批評」的模式，讓三層之間流暢自然。

這三道練習題將幫助你掌握「三明治溝通法」，讓你能夠在給予建議的同時，維持良好的人際關係，並讓對方更容易接受你的意見。

【練習題】工具3：「三明治溝通法」

練習題1：職場溝通（主管對下屬）

情境描述：你是一名部門主管，你的下屬剛提交了一份企畫書，內容豐富，但結構有些混亂，導致客戶可能無法迅速抓住重點。你希望他能調整企畫書的架構，使其更具邏輯性，並更容易理解。

請使用「三明治溝通法」完成以下句子：

1. 第一層（肯定對方）

- 你會如何讚美他的努力或優點？
- 請寫下你的「肯定」句子，例如：「＿＿＿＿＿＿。」

2. 第二層（提出改善建議）

- 你如何具體表達可以改進的地方？

請寫下你的「改善建議」句子，例如：「＿＿＿＿＿＿。」

3. 第三層（鼓勵對方）

◆ 你如何讓對方對自己更有信心？

◆ 請寫下你的「鼓勵」句子，例如：「＿＿＿＿＿。」

練習題2：親子溝通（家長對孩子）

情境描述：你的孩子最近在學校的數學考試成績不太理想，你想鼓勵他更加努力學習，但又不想讓他感到壓力或被批評，影響他的自信心。

請使用「三明治溝通法」完成以下句子：

1. 第一層（肯定對方）

◆ 你可以如何正向地肯定孩子的其他優勢或努力？

◆ 請寫下你的「肯定」句子，例如：「＿＿＿＿＿。」

2. 第二層（提出改善建議）

◆ 你如何溫和地提出改進建議，而不讓孩子感到被責備？

◆ 請寫下你的「改善建議」句子，例如：「＿＿＿＿＿。」

3. 第三層（鼓勵對方）

◆ 你如何讓孩子感受到你的信任，並對自己更有信心？

◆ 請寫下你的「鼓勵」句子，例如：「＿＿＿＿＿。」

練習題3：團隊合作（同事之間的建議）

情境描述：你的同事負責設計公司簡報，但你發現他的簡報內容雖然資訊充足，卻沒有視覺重點，讓人不容易快速吸收關鍵訊息。你希望他能夠調整簡報的視覺呈現，讓信息更加清晰。

請使用「三明治溝通法」完成以下句子：

1. 第一層（肯定對方）

◆ 你可以如何讚美他的努力與貢獻，讓他感受到你的尊重？

◆ 請寫下你的「肯定」句子，例如：「＿＿＿＿＿＿＿＿。」

2. 第二層（提出改善建議）

◆ 你如何具體說明改進方向，而不讓對方覺得被否定？

◆ 請寫下你的「改善建議」句子，例如：「＿＿＿＿＿＿＿＿。」

3. 第三層（鼓勵對方）

◆ 你如何表達對他的信任，讓他願意接受建議並改進？

◆ 請寫下你的「鼓勵」句子，例如：「＿＿＿＿＿＿＿＿。」

這三道練習題涵蓋了職場管理、親子教育、團隊合作三個不同的溝通場景，幫助你學會如何在提出建議的同時，讓對方更容易接受。

「**三明治溝通法**」是一種能夠幫助我們提出建議，卻不讓對方產生抗拒的技巧。透過肯定對方、提出具體改進建議、最後再給予鼓勵，讓對方更願意接受你的意見，並且願意做出行動上的改變。

在職場、家庭、團隊合作等各種場景，這種溝通方式都能幫助我們維持良好關係，同時提高溝通效率，讓我們的影響力大幅提升！

工具④：「鏡像溝通法」——讓對方覺得你跟他一樣，迅速建立信任感

【核心概念】

你是否曾經遇過這樣的情況？和某人聊天時，總覺得話題自然流暢，對方似乎很快就對你敞開心扉？另一種時候，雖然內容相同，卻感覺怎麼說都無法拉近距離，甚至對方顯得有些戒備？

這其中的關鍵，就是「相似感」。人類天生更容易信任與自己相似的人，這是一種「心理認同」的機制。如果對方感受到「你和我很像」，他就會更快放下防備，願意接受

你的觀點、與你建立更深的連結。

「鏡像溝通法」（Mirroring）就是透過模仿對方的語言、動作、語調等方式，在潛意識中建立連結，讓對方覺得你和他同一陣線。這種技術在心理學和行銷學中被廣泛應用，例如談判專家、優秀的銷售人員、心理諮商師都懂得如何利用「鏡像」來迅速拉近距離。

【如何使用】

步驟1：觀察對方的語言與語速

當你開始一場對話時，先用一至兩分鐘的時間觀察對方的語速、語調。

◆對方講話快，你就稍微加快語速。

◆對方語氣平和，你就放慢速度，讓語調更柔和。

這樣的細微調整，能讓對方不自覺地覺得你們「頻率相同」，進而產生好感。

步驟2：使用對方的詞彙

不同的人，習慣使用不同的詞彙來表達自己。當你發現對方經常使用某些特定詞彙時，你可以適時地「鏡像」這些詞，來增強溝通的親和力。

例子1

對方：「最近工作壓力真的好大，覺得快被壓垮了。」

你：「是啊，壓力太大真的很容易讓人喘不過氣。」

例子2

對方：「這個專案的細節讓我很頭痛。」

你：「我理解，這確實是一個很容易讓人頭痛的項目。」

使用對方的詞彙，能讓他感受到被理解，而不是被說服。

步驟3：微妙地模仿對方的動作與肢體語言

- 如果對方點頭，你可以稍微點點頭。
- 如果對方雙手交叉，你可以在適當時候做類似的動作（但不要刻意模仿，避免對方感覺不舒服）。
- 如果對方身體前傾，你可以輕微往前傾，以展現專注。

這種方法被稱為「肢體語言鏡像」，心理學研究發現，當兩個人的肢體語言同步時，他們之間的信任感會大幅提升。

步驟4：營造共同經驗，強化「同感」

「同感」是一種讓對方覺得「我們是同類人」的感受。當你發現你和對方有某些相似的經歷或價值觀時，不妨大方表達出來。

◆對方說他最近開始健身，你可以回應：「哇，我最近也在嘗試健身！」

◆對方提到他熱愛旅行，你可以說：「太棒了！我也超喜歡旅行，你最近有去哪裡嗎？」

這樣的回應，能夠迅速拉近你們的距離，讓對方更容易接受你的觀點。

【使用時機】

◆想要快速建立信任感時（如初次見面、銷售、談判）。

◆當對方對你有所防備時（如客戶猶豫不決、不願意透露資訊）。

◆希望讓對話更順暢時（如與陌生人交流、建立良好互動）。

◆面對情緒較高漲的對話時（如幫助對方冷靜，讓對方感受到支持）。

【實際情境舉例】

情境1：銷售談判

✕錯誤示範▶（直接進入推銷）

客戶：「我們現在預算很緊，不確定是否能接受你的方案。」

業務：「但這個方案真的很划算，你應該考慮看看！」

○正確示範▼（使用鏡像溝通法）

客戶：「我們現在預算很緊，不確定是否能接受你的方案。」

業務：「我懂，預算問題確實是個挑戰。我之前也有客戶遇到類似的狀況，他們後來是怎麼解決的呢？」（使用「我懂」來建立親和感，並讓對方開口說更多資訊。）

情境2：主管與員工溝通

✕錯誤示範▼（直接批評）

主管：「你的報告內容太混亂，下次要做好一點！」

○正確示範▼（使用鏡像溝通法）

主管：「你的報告資訊很豐富，但有些部分可能讀起來有點複雜。如果可以把它整理得更清楚，我相信你的表達會更有說服力！」（使用「資訊很豐富」來先肯定對方，然後提出建議。）

情境3：朋友之間的支持

✕錯誤示範▼（給建議但缺乏共鳴）

朋友：「最近工作真的讓我壓力好大，我快受不了了……」

你：「沒事啦，撐過去就好了！」

〇正確示範▼（使用鏡像溝通法）

朋友：「最近工作真的讓我壓力好大，我快受不了了……」

你：「我懂，有時候壓力真的會讓人喘不過氣。你覺得最讓你焦慮的點是什麼？」

（使用「我懂」來建立情緒連結，讓對方願意多說。）

【關鍵技巧】

關鍵技巧1：語言鏡像：模仿對方的語速、語調、詞彙，讓對話更順暢。

關鍵技巧2：肢體語言鏡像：微妙地模仿對方的動作，建立潛在信任。

關鍵技巧3：價值觀與經歷鏡像：找到共同點，強化「我們感」。

關鍵技巧4：避免過度模仿：若對方察覺你在刻意模仿，會讓他感到不適。

這三道練習題將幫助你掌握「**鏡像溝通法**」，讓你能夠在不同的溝通場景中，運用語言、肢體語言、價值觀共鳴等技巧，迅速拉近與對方的距離，建立信任感。

【練習題】工具4：「鏡像溝通法」

練習題1：銷售與客戶溝通

情境描述：你是一名品牌顧問，正在與一位潛在客戶溝通。他對你的方案感興趣，但對價格有所顧慮。他說：「這個方案確實很吸引人，但目前我們的預算真的很有限，我們可能沒有辦法負擔這筆費用。」

請使用「鏡像溝通法」，完成你的回應：

1. 語言鏡像

- 如何運用客戶的關鍵詞（如「預算有限」「負擔費用」）來讓對方感受到被理解？
- 請寫下你的「語言鏡像」句子，例如：「＿＿＿＿＿。」

2. 肢體語言鏡像

- 當對方皺眉、身體微微後仰時，你該如何調整你的肢體語言，使對方感覺更自在？
- 請描述你的「肢體語言鏡像」策略，例如：「＿＿＿＿＿。」

3. 價值觀與經歷鏡像

- 你如何透過分享相似經歷（如你過去的客戶也曾遇到類似的困難）來建立「我們感」？

◆請寫下你的「價值觀共鳴」句子，例如：「＿＿＿＿＿＿。」

練習題2：職場溝通（主管對員工）

情境描述：你是部門主管，你的員工剛完成了一份報告，但內容有點過於冗長，你希望他可以簡化內容，使重點更清晰。但你不想讓他感覺自己被批評，影響自信心。

請使用「鏡像溝通法」，完成你的回應：

1. 語言鏡像

◆你的員工可能會說：「這次的報告內容真的很多，因為我想確保所有細節都涵蓋到。」

◆你如何使用他的詞彙，讓他感覺你理解他的努力？

◆請寫下你的「語言鏡像」句子，例如：「＿＿＿＿＿＿。」

2. 肢體語言鏡像

◆員工如果在回應時有些緊張，身體微微向後縮，你該如何透過你的肢體語言來讓他更放鬆？

◆請描述你的「肢體語言鏡像」策略，例如：「＿＿＿＿＿＿。」

3. 價值觀與經歷鏡像

◆ 你如何分享自己或其他同事過去類似的經驗，讓對方覺得這不是「他個人的問題」，而是大家都會遇到的狀況？

◆ 請寫下你的「價值觀共鳴」句子，例如：「＿＿＿＿＿。」

練習題3：人際關係（朋友之間的支持）

情境描述：你的朋友最近在事業上遇到瓶頸，他覺得自己不夠優秀，開始懷疑是否應該繼續堅持下去。他對你說：「我真的覺得自己不適合做這行，努力了這麼久還是沒有突破，可能該換個跑道了。」

請使用「鏡像溝通法」，完成你的回應：

1. 語言鏡像

◆ 你的朋友表達的關鍵情緒是「懷疑自己」「努力沒成果」，你該如何用他的詞彙來回應，讓他感覺到你真正理解他的情緒？

◆ 請寫下你的「語言鏡像」句子，例如：「＿＿＿＿＿。」

2. 肢體語言鏡像

◆ 朋友說話時若情緒低落、語氣沉重，你該如何調整自己的語氣與肢體語言，使對方感受到你的關心，而不是只是「給建議」？

◆請描述你的「肢體語言鏡像」策略，例如：「＿＿＿＿＿。」

3. 價值觀與經歷鏡像

◆你如何透過分享自己或其他人的類似經歷，讓朋友感受到「你不是孤單的，這種低潮很多人都經歷過」？

◆請寫下你的「價值觀共鳴」句子，例如：「＿＿＿＿＿。」

這三道練習題涵蓋了銷售談判、職場管理、人際關係三大應用場景，幫助你學會如何透過語言、肢體語言、價值觀共鳴來建立信任感，讓對話更順暢。

「鏡像溝通法」是一種透過模仿對方語言、動作與思維來迅速建立信任感的技巧。當對方感受到你和他「在同一個頻率上」，他就會更容易接受你的觀點，甚至願意向你敞開心扉。

這種方法適用於談判、銷售、人際溝通、家庭對話，甚至是處理衝突時，都能夠幫助你讓對方感受到理解，進而影響對方的行為與態度。如果你希望讓對話變得更有影響力，讓對方更信任你，「鏡像溝通法」絕對是一個不可或缺的工具！

工具⑤：「問題引導法」——不要說服對方，讓對方自己想通

【核心概念】

你是否曾經試圖說服某人接受你的觀點，結果卻適得其反？

- 你提供了充足的事實和數據，但對方仍然堅持己見？
- 你用最溫和的方式表達，但對方仍然抗拒，甚至開始防衛？
- 你覺得你的建議很合理，但對方卻一點都不買單？

這是因為沒有人喜歡被「說服」，但每個人都喜歡自己「想通」。當某個結論是「自己想出來」的，那麼他就更願意接受並採取行動。

「**問題引導法**」（Socratic Questioning）就是一種透過精準的提問，讓對方自己思考、自己找出答案的溝通技巧。這不僅能減少對方的防備心，也能讓對話變得更有建設性，讓對方主動接受你的觀點，而不是被強行說服。

【如何使用】

步驟1：避免「直接給答案」，改用問題引導

✕錯誤示範▸（直接告訴對方該怎麼做）

你：「你應該這樣做，這樣會比較有效。」

○正確示範▼（讓對方自己思考）

你：「如果我們這樣做，你覺得會有什麼影響？」

人類的心理特點是，當我們被告知該怎麼做時，我們的第一反應通常是「抗拒」或「懷疑」。但如果我們自己想出這個答案，那麼我們就會更容易接受並付諸行動。

步驟2：使用「開放式問題」代替「封閉式問題」

✕封閉式問題▼（錯誤示範）

「這個提案不錯吧？」（對方只能回答「是」或「否」，沒有深入思考）

○開放式問題▼（正確示範）

「你覺得這個提案有哪些優點？有哪些可以改進的地方？」

開放式問題可以讓對方自由表達，進而讓他更投入這場對話，也能讓對方覺得這是「他自己得出的結論」。

步驟3：使用「假設性問題」來讓對方模擬未來結果

假設性問題可以幫助對方預測未來的可能性，讓他更容易接受你的觀點。

✕錯誤示範▼（直接給結論）

「你現在不開始做，之後一定會後悔。」

〇正確示範▼（用假設性問題引導）

「如果你半年後回頭看，你覺得自己會怎麼看待今天的決定？」

當對方開始預測未來，他的思考會更加全面，也更可能接受你的觀點。

步驟4：用「反問技巧」讓對方主動思考

當對方猶豫時，不直接給建議，而是用問題讓對方自己想通。

對話示範

客戶：「我覺得這個方案不太適合我們。」

業務：「我了解你的考量，那麼你覺得什麼樣的方案才會更適合？」

透過反問，你不僅可以引導對方思考，也能更了解對方的真正需求。

【使用時機】

- 當對方有防備心，不願意聽取你的建議時。
- 當你希望對方接受你的觀點，但不想讓他覺得被說服時。
- 當你希望對方主動做決定，而不是被動接受時。
- 當你需要處理反對意見，讓對話更有建設性時。

【實際情境舉例】

情境1：說服主管接受你的提案

✕錯誤示範▼（直接說服）

員工：「這個計畫真的很棒，應該馬上執行！」

主管：「可是我們的預算很有限。」

員工：「但如果不做，會錯失機會！」

〇正確示範▼（使用問題引導法）

員工：「這個計畫可以為我們帶來新客戶。如果我們現在不做，你覺得半年後，我們會不會後悔沒有提前佈局？」

主管：「嗯……確實有這個可能性。」

這樣的引導方式，讓主管自己意識到這個計畫的重要性，而不是被員工強行說服。

情境2：說服朋友開始健身

✕錯誤示範▼（直接建議）

「你真的該開始運動，對身體好！」

〇正確示範▼（使用問題引導法）

「如果你現在開始運動，你覺得三個月後的自己會有什麼變化？」

當對方自己開始想像未來的好處，他會更容易主動行動，而不是覺得你在勸他。

情境3：幫助孩子選擇專業或職業

✕ 錯誤示範 ▶（直接給答案）

「你應該選擇醫學系，這樣比較有前途！」

○ 正確示範 ▶（使用問題引導法）

「你覺得什麼樣的工作能讓你每天都充滿熱情？」

「如果十年後回頭看，你希望自己成為什麼樣的人？」

透過這樣的引導，孩子會自己思考並做出選擇，而不是被家長強迫。

【關鍵技巧】

關鍵技巧1：避免直接說服，而是讓對方自己得出結論。

關鍵技巧2：使用開放式問題，而不是封閉式問題。

關鍵技巧3：透過假設性問題，讓對方模擬未來的可能性。

關鍵技巧4：使用反問技巧，讓對方更投入對話。

關鍵技巧5：讓對話充滿「思考空間」，而不是「對錯爭辯」。

這三道練習題將幫助你掌握「問題引導法」，讓你能夠在不同的溝通場景中，透過開放式問題、假設性問題、反問技巧，讓對方自己想通，而不是被你說服。這樣的技巧不僅能降低防備心，還能讓對話變得更有建設性，讓對方更願意採取行動。

【練習題】工具5：「問題引導法」

練習題1：職場溝通（說服主管採納你的提案）

情境描述：你在公司負責市場行銷，提出了一個新企畫，認為可以為公司帶來新的市場機會。然而，主管對於這個提案抱持懷疑，認為目前市場競爭太激烈，成功機率不高。

請使用「問題引導法」，完成你的回應：

1. 開放式問題

- 你該如何避免直接說服主管，而是用開放式問題，引導他思考這個提案的優勢？
- 請寫下你的「開放式問題」句子，例如：「＿＿＿＿。」

2. 假設性問題

- 主管擔心市場競爭太激烈，你該如何用假設性問題，引導他想像未來的可能性？
- 請寫下你的「假設性問題」句子，例如：「＿＿＿＿。」

3. 反問技巧

◆ 主管如果仍然猶豫，你可以用什麼樣的反問，讓他主動思考，是否有更好的做法？

◆ 請寫下你的「反問技巧」句子，例如：「＿＿＿＿。」

練習題2：人際關係（幫助朋友做出更好的決定）

情境描述：你的朋友最近想要離職，但他非常猶豫，不確定現在是不是最好的時機。他對你說：「我真的不喜歡現在的工作，但又擔心換了工作會後悔。」

請使用「問題引導法」，幫助你的朋友理清思緒，自己做出決定：

1. 開放式問題

◆ 你該如何透過開放式問題，讓朋友深入思考「離職的真正原因」？

◆ 請寫下你的「開放式問題」句子，例如：「＿＿＿＿。」

2. 假設性問題

◆ 朋友擔心換工作會後悔，你可以用什麼假設性問題，讓他從不同角度思考這個決定？

◆ 請寫下你的「假設性問題」句子，例如：「＿＿＿＿。」

3. 反問技巧

◆朋友依然猶豫不決，你可以用什麼反問，讓他從更長遠的角度思考？

◆請寫下你的「反問技巧」句子，例如：「＿＿＿＿＿＿。」

練習題3：親子溝通（幫助孩子選擇未來方向）

情境描述：你的孩子正在選擇大學科系，他有點迷茫，不知道該選擇「自己有興趣的」還是「未來比較有發展的」。他對你說：「如果我選擇興趣相關的科系，會不會畢業後找不到好工作？」

請使用「問題引導法」，幫助孩子自己想清楚，而不是直接告訴他該怎麼選：

1. 開放式問題

◆你該如何用開放式問題，引導孩子思考「興趣與發展的平衡點」？

◆請寫下你的「開放式問題」句子，例如：「＿＿＿＿＿＿。」

2. 假設性問題

◆讓孩子試著想像未來，你可以問什麼樣的假設性問題，幫助他更清楚自己的選擇？

◆請寫下你的「假設性問題」句子，例如：「＿＿＿＿＿＿。」

3. 反問技巧

◆ 如果孩子仍然猶豫，你可以用什麼反問技巧，讓他自己找到答案？

◆ 請寫下你的「反問技巧」句子，例如：「______。」

這三道練習題涵蓋了職場溝通、人際關係、親子教育三大應用場景，幫助你學會如何透過問題引導來影響對方的思考。

「**問題引導法**」是一種讓對方自己思考，自己得出結論的強大溝通技巧。當對話變成「對方的思考旅程」，而不是「你對他的說服過程」，那麼對方就更容易接受你的觀點，甚至積極行動。

這種方法適用於職場溝通、親子教育、人際關係、銷售談判等多種場合，當你學會「讓對方自己說服自己」，你將擁有無與倫比的影響力！

Part Three

高能量溝通
讓你活出人生使命，
發揮真正影響力

5

用高能量溝通打造影響力人生

每一次的對話，都是一次內在狀態的流露。

我們以為自己在與世界溝通，但其實，我們首先是在向自己述說。

你的語言，正反映著你的內心，

而這個內心的世界，也將決定你如何看待並回應外在的世界。

5-1

你的語言，就是你內在世界的鏡子

我們每天都在說話，透過言語傳遞想法、表達情感、建立連結。語言，看似是對外的行為，實際上卻是一面映照內在世界的鏡子。你的言語中，藏著你的信念、價值觀，以及你如何看待自己與這個世界。

當你開口時，你的世界便展現在眼前

你有沒有發現，和某些人對話時，世界變得明亮起來？他們的言語充滿可能性，讓人感受到希望與力量，彷彿困難都能迎刃而解。而另一些人，則總是不經意流露出對世界的不滿與無奈，讓周圍的空氣變得沉重，像是被困在一個無法改變的現實裡。

這並不是因為他們所處的環境有多大不同，而是他們內在的世界——他們如何解讀事情、如何感受生活——透過語言顯現了出來。

語言，是內在情緒的外顯形態

快樂的人，語言裡總帶著溫暖與寬容；焦慮的人，話語中不自覺夾雜著擔憂與防備；自信的人，說話時散發出篤定的能量；而充滿懷疑的人，語句間總帶著猶豫與不安。

我們的話語，藏著我們如何與世界互動，也藏著我們對自己的認同。當一個人習慣批評與抱怨時，這並不只是對外界的不滿，更是一種內在的不安與匱乏；當一個人說話總是帶著鼓勵與肯定，這也是他內心豐盛的展現。

你如何說話，就如何建構你的現實

當你經常說「這太難了，我做不到」，其實是在向自己確認「我是做不到的」。當你習慣說「我很期待這件事」，你就是在幫助自己聚焦於機會與可能性。語言不只是表達，它同時塑造了我們的思想與行動，進而影響我們的選擇與人生方向。

每一次的對話，都是一次內在狀態的流露。我們以為自己在與世界溝通，但其實，我們首先是在向自己述說。你的語言，正反映著你的內心，而這個內心的世界，也將決定你如何看待並回應外在的世界。

言語的力量，不只是影響他人，更是影響自己

當我們意識到語言的鏡像作用，就會開始發現，每一句話都在塑造我們的內在狀態。你說的話，不僅影響著周圍的人，更在不知不覺中影響著你自己。你的語言，正在打造你的世界。

因此，當你開口說話時，不妨停下來問自己：這些話，映照出的，是一個怎樣的內在世界？

5-2

保持高能量說話狀態，讓對方被你的熱情感染

當你與某些人對話時，是否曾感受到一股讓人振奮的力量？他們的語氣、眼神、舉止都帶著熱情與自信，讓你忍不住專注傾聽，甚至感到躍躍欲試。相反地，有些人的話語雖然合乎邏輯，卻讓人提不起興趣，甚至聽完後感覺更消極。這種差異，來自說話的能量。

說話不只是傳遞資訊，更是一種能量的流動。而這股能量，取決於你的內在狀態——你的信念、情緒、期待，以及對世界的看法。當你充滿熱情，語言會帶著溫度與影響力；如果你心裡猶豫不決，話語便會顯得遲疑而無力。

熱情是一種最具穿透力的力量，它能讓平凡的故事變得動人，讓普通的觀點變得有吸引力。當你真心相信自己所說的話，並以飽滿的能量傳遞它，這股熱忱會直達人心，讓對話不只是資訊交換，而是一場情感的共鳴。

人們天生會被高能量的人吸引。在職場上，充滿活力的領導者能激勵團隊；在事業發展中，擁有強大能量的人更容易吸引志同道合的夥伴；在人際交流中，帶著熱情說話的

人，往往更容易建立深厚連結。

當你的話語帶著高能量，不僅能讓人專注傾聽，也會讓你的想法更具影響力。因為，人們不只是聽你的話，他們更會感受你的狀態。而你的狀態，將決定你的話語能傳遞多遠、多深。

如何培養高能量說話狀態？

如何才能保持高能量的說話狀態，讓你的每一句話都充滿無限熱情與活力呢？答案並不在於表面上的技巧，而在於你如何與自己的內在世界建立真摯的連結。以下是幾個實用而溫暖的練習，幫助你逐步培養並穩定這份高能量狀態：

1. 每日正向自我對話

每天早上，當你剛醒來時，花上幾分鐘用溫柔肯定的語言與自己對話。告訴自己：「今天，我充滿無限的能量與熱情，我準備好迎接所有的挑戰。」這樣的正向自我對話，不僅能夠迅速提升你的能量頻率，更能為一天的開始注入滿滿的動力。當你以這種積極的心態開始新的一天，你的語言也會自然而然地散發出正能量，感染每個你遇到的人。

2. 情感釋放與能量冥想

找一個安靜的角落，閉上眼睛，專注於自己的呼吸，讓內心的所有情緒隨著呼吸逐漸釋放。無論是過去的傷痛、未來的焦慮，還是眼前的一絲不安，都可以在這個過程中一一釋放。當你感受到內心的平靜與溫暖時，請默默地在心中重複那句話：「我充滿熱情，我的語言將帶來光與希望。」這種冥想不僅能夠清除內心的雜念，更能夠幫助你建立起一個穩定而高能量的內在狀態，從而在你說話時自然流露出那份無法抗拒的熱情與活力。

3. 模仿與反思：觀察那些充滿感染力的講者

在日常生活中，多觀察那些你認為充滿熱情和感染力的講者。無論是演講家、企業領袖，還是你身邊那些總是能夠用言語感染他人的人，仔細觀察他們的語言節奏、聲調和肢體語言，試著從中汲取靈感。但請記住，模仿並非抄襲，而是學習他們如何用真誠的語言展現自己的內在能量，從而找到屬於你自己的表達方式。每一次觀察後，給自己一個反思的時間，思考如何將這些正面的特質融入到你自己的語言中。

4. 與熱情人士建立連結

人是社會性的動物，與那些充滿熱情與正能量的人在一起，你也會被他們的能量所感染。積極參加各種自我成長課程、工作坊或說書會，與志同道合的人交流，分享你內心的故事與夢想。當你身處在這樣一個充滿愛與支持的環境中，你的能量會自然而然地被提升，而這份提升也會反映在你每一句話、每一個微笑中。當你用心與他人交流時，那份源自內在的熱情將會變成你最強大的武器，幫助你在人際溝通中取得無可比擬的成功。

5. 持續學習與成長

高能量的說話狀態並非一朝一夕就能建立，而是需要不斷的學習與實踐。閱讀、參與線上與線下的自我成長課程，學習那些成功者如何運用語言去影響他人。每當你獲得新的知識或體驗新的成長點，都請記得將這些感受與收穫轉化為你內心的動力，並在言談中自然而然地流露出來。持續的學習不僅能夠拓展你的知識面，更能夠讓你在每一次溝通中，都展現出一種與眾不同的自信與魅力。

通過上述這些練習，你將逐步建立起一個充滿熱情與活力的內在世界。當你學會保持這種高能量的說話狀態時，你的語言便不再僅僅是單向的信息輸出，而是一種充滿情感、能量與靈魂的交流方式。這種交流方式，不僅能夠感染身邊的每一個人，更能夠在你的人際關係和職業生涯中，創造出無數意想不到的美好奇蹟。

5-3

運用高能量溝通，讓你成為真正有影響力的人

在這個節奏快速、資訊紛繁的時代，影響力已經不再只是某些人的專屬權利，而是每個人都可以發揮的力量。你或許曾經注意到，某些人開口說話時，總能讓人全神貫注，甚至不自覺地想要跟隨他們的想法前進。而有些人，無論再怎麼努力表達，卻總讓人提不起勁，甚至難以記住他們所說的內容。這其中的差異，不只是話語內容的優劣，更重要的是話語所承載的能量。

我們所說的每一句話，都是一種能量的釋放。這股能量，來自於內在的信念、情緒與狀態，它決定了我們如何影響他人，也決定了我們所處的環境將如何回應我們。如果一個人內心充滿自信與熱忱，那麼他的語言將會展現出吸引力與感染力；但如果一個人內心充滿猶豫與不安，那麼即便說出的話再有道理，聽起來也會顯得無力且不具影響力。

真正有影響力的人，並不是因為他們擁有權威或特別的話術，而是因為他們能夠透過溝通，讓人產生共鳴，進而願意去相信、去行動、甚至去改變。他們的話語之所以強而有

力，不是因為音量，而是因為內在的力量。他們相信自己所說的話，並且帶著堅定的信念去表達，而這份信念，能夠被對方清楚地感受到。

語言是一種能量的傳遞

有時候，我們會誤以為溝通只是交換資訊，但事實上，每一次的對話，都是一場能量的流動。當一個人帶著熱忱說話時，這份能量能夠感染對方，讓對話變得有溫度、有力量，甚至影響對方的思維與行動。同樣地，當一個人說話時充滿遲疑與不確定，那麼即便他的內容再有價值，也難以真正影響他人。

你或許曾遇過這樣的情境——有些人即使只是簡單地說幾句話，就能讓人感到安心，甚至願意信任他；而有些人即便說得滔滔不絕，卻總讓人感覺缺乏說服力。這正是溝通中的能量差異。有影響力的溝通，並不取決於話語的華麗程度，而是話語背後的信念與狀態。當你的語言帶著穩定而正向的能量時，聽眾會自然地被吸引，因為他們感受到你的真誠、你的熱情，甚至你的信念。而當你的語言缺乏能量時，對方不僅難以專注，更可能產生懷疑，因為他們感受不到你的確信。語言的影響力，並不僅僅來自於語言本身，而是來自於它所傳遞的能量。

影響力來自情感與信任

真正的影響力，來自於人與人之間的情感連結，而這種連結，往往是透過語言建立的。你是否曾經因為某人一句話而感動，甚至因此改變自己的想法或行動？這並不只是因為他的話有道理，而是因為你從他的語言中感受到了某種力量，這股力量讓你產生共鳴，進而願意去相信、去嘗試、去突破。

當你能夠透過語言讓人產生信任，那麼你的影響力將不再受限於權力或地位，而是來自於真正的吸引力。因為人們並不只是被道理說服，而是被情感驅動。當你的語言能夠觸動人心，讓對方感受到你的關懷、你的信念，那麼你的話語將不再只是文字，而是一種可以影響他人的力量。

這種影響力，尤其在職場與事業發展中，顯得至關重要。在領導團隊時，能夠帶來信心與動力的話語，比任何理論都來得更有力量。在拓展事業時，能夠讓人感受到熱忱與願景的溝通，遠比冷冰冰的數據與分析更具吸引力。而在人際關係中，能夠透過語言傳遞真誠與關心的人，總是能夠建立更深厚的連結。

高能量溝通的影響範圍

當你開始運用高能量溝通，你會發現你的影響力不只局限於特定的場域，而是會逐漸擴展到你的生活、職場，甚至整個人際網絡。

1. 職場與事業

具有高能量溝通能力的人，往往更容易成為團隊中的核心人物。無論是在會議中表達觀點，還是在團隊協作中提供建議，他們的話語能夠帶動討論，甚至引發行動。領導者尤其需要這樣的能力，因為真正能夠激勵團隊的，並不是命令，而是能夠讓人心甘情願追隨的話語。

2. 人際關係

溝通的能量，不僅影響職場，也深深影響著人際關係。當一個人說話時帶著積極的能量，他會成為人們願意親近的對象，因為他的存在能夠帶來正向的感受。而當一個人說話時總是帶著消極與抱怨，那麼即便他的話語是事實，聽的人仍然會本能地想要保持距離。

3. 個人品牌與影響力

在自媒體時代，每個人都可以透過語言與世界連結。那些能夠用高能量溝通方式來分享觀點、傳遞價值的人，往往更能吸引粉絲與關注。他們的影響力，不只是來自於他們說了什麼，而是來自於他們如何說，以及他們所展現的能量。

你的話語，就是你的影響力

每一次的對話，都是一次影響力的展現。你所說的話，決定了別人如何看待你，也決定了你能夠帶來多大的改變。當你的語言帶著高能量，它不僅能夠吸引志同道合的夥伴，更能夠帶動行動、創造結果。

而這種影響力，並不來自於技巧，而是來自於你的內在狀態。當你相信自己、充滿熱情、對未來懷抱希望，你的語言將會自然地展現力量，讓人願意傾聽，甚至願意跟隨。

真正有影響力的人，不是話最多的人，而是能夠用語言激發他人、啟發思考、點燃行動的人。你的話語，就是你影響世界的方式。而你的影響力，將決定你所能創造的未來。

〔結語〕

願世界因我們變得更好

幾年前，我萌生了一個念頭，希望能把自己一路走來的經驗寫下來，幫助那些和我一樣，曾經在表達上感到困難，卻又渴望與世界建立更深連結的朋友。沒想到，這個念頭在今天真的實現了。

回頭看，這不只是一趟個人的旅程，更是一次與無數人產生共鳴的過程。我始終相信，每個人來到這個世界上，都有一個獨特的使命，而最有力量的使命，往往與「幫助他人」有關。我們的一句話、一個眼神、一個溫暖的回應，可能在不知不覺中，改變了一個人的心情，甚至影響了他的未來。

溝通從來不只是語言的技術，而是一種連結世界的方式。當我們開始學會聆聽，真正理解別人的需求，當我們學會清晰地表達自己的想法，讓對方感受到被理解、被尊重、被支持，那麼這個世界就會因我們的存在而變得更美好。

這本書的誕生，不只是為了讓我們「會說話」，而是希望每個人都能在溝通中找到自己的力量，讓話語成為溫暖的橋樑，而不是築起隔閡的高牆。我深信，高能量溝通，不只是讓人理解你的話，更是讓人因你的話語而感受到愛、力量和希望。

如果這本書能讓你在溝通的路上更有信心，能夠讓你的表達更加自在、讓你的人際關係更加順暢，甚至讓你在職場或事業上發揮更大的影響力，那麼這本書的意義，便不僅僅是一個人的分享，而是一場影響無數人的美好循環。

這個世界，從來不是因為某個偉大的個人而改變，而是因為許多願意用心去影響他人、願意帶來美好的人，共同創造出更溫暖的環境。我們每個人都擁有這樣的力量，而這股力量從「讓人感受到溫暖」開始。

願這本書的每一個字，都能在你的心中種下一顆種子，讓你的世界，因你的話語，變得更加豐盛幸福圓滿。

謝謝你讀到這裡，願我們一起讓這個世界因我們的存在，變得更加溫暖、更加美好。